Von Patrick Salmen sind bereits folgende Titel erschienen:
Ich habe eine Axt. Urlaub in den Misanthropen
Genauer betrachtet sind Menschen auch nur Leute

Über den Autor:
Patrick Salmen ist Lyrik- und Prosaautor, Slam-Poet und Kabarettist. 2010 wurde er deutschsprachiger Meister im Poetry-Slam. Im Folgejahr gelang es ihm, den Vizemeistertitel einzuheimsen. Wenn er mal nicht in ganz Deutschland auf Tour ist, lebt und arbeitet er in Dortmund. Ob mit seinen Soloprogrammen unterwegs, auf Lesebühnen oder auf Slams, er begeistert ein stetig wachsendes Publikum. Patrick Salmen muss man einfach live erleben.

Patrick Salmen

TREFFEN SICH ZWEI TRÄUME.

BEIDE PLATZEN.

Illustriert von Natalie Honeck

Der Abdruck der Illustrationen erfolgt mit
freundlicher Genehmigung von Natalie Honeck.
© Natalie Honeck

Besuchen Sie uns im Internet:
www.knaur.de

Originalausgabe Februar 2018
Knaur Taschenbuch
© 2018 Knaur Verlag
Ein Imprint der Verlagsgruppe
Droemer Knaur GmbH & Co. KG, München
Alle Rechte vorbehalten. Das Werk darf – auch teilweise –
nur mit Genehmigung des Verlags wiedergegeben werden.
Covergestaltung: Andy Jörder, nd80.com
Satz: Adobe InDesign im Verlag
Druck und Bindung: CPI books GmbH, Leck
ISBN 978-3-426-52164-9

2   4   5   3   1

Inhalt

Ein besseres Leben

Die Menschen im Haus gegenüber haben seit einiger Zeit eine Katze. Den ganzen Tag sitzt sie regungslos auf dem Fensterbrett und beobachtet mich in meiner Wohnung. Ihr Blick wirkt konstant skeptisch.

Anfangs war ich irritiert und gehemmt, aber mittlerweile merke ich, wie dieses Tier mich zu einem besseren Leben anstachelt. Wo ich früher noch antriebslos auf der Couch rumgelungert habe, erscheine ich mittlerweile angemessen frisiert zum Frühstück, esse Bioprodukte und lerne altertümliche Fremdsprachen. Ich koche viel, höre Chopin, räume regelmäßig auf und trage vermehrt Kaschmir.

Manchmal stehe ich leicht bekleidet mit einer Staffelei am Fenster und widme mich der Ölmalerei oder abstrakten Aquarellen über die Vergänglichkeit allen Seins.

Alles nur, damit dieses holde Tier einmal denkt: Oha! Welch adrett-charmanter Feingeist dort drüben lebt, während ich hier bei diesen unzivilisierten Primaten hause.

Ja, ich glaube, ich versuche der geheimnisvollen Fremden zu gefallen. Mittlerweile sind viele Tage vergangen und mir ist, als ob ich aus ihrem anfangs kritischen Blick hin und wieder etwas Sanftmütig-Mildes herauslesen könnte. Entweder sie ist verliebt oder sie hat mich durchschaut. Es bleibt spannend.

Das ist Patrick. Male ihm ein abstraktes Aquarell über die Vergänglichkeit allen Seins.

Der Raclette-Abend

Das Treppenhaus einer Altbauwohnung im Dortmunder Süden. Dritter Stock, an der Tür hängt ein Salzteigschild mit der Aufschrift: *Hier leben, lieben, lachen und streiten Volker und Kerstin.* Ich bin geneigt zu brechen. Resignierend sehe ich die Frau an: »Alles wie immer?«
»Ja«, sagt sie, »wenn die Stimmung scheiße ist, erzählst du so lange schlechte Witze, bis sie uns rausschmeißen.«
»Okay.«

Wir klopfen an der Tür. In meinem Kopf schweben lediglich zwei Gedanken:

1. Ich hasse mein Leben.
2. Vorurteile über Pärchen-Abende sind wie Gitarristen vorm Auftritt. Sie stimmen.

Heute sind wir bei Volker und Kerstin zum Raclette eingeladen. Kerstin sieht aus, wie man sich eine Kerstin so vorstellt. Sie ist eine dieser Frauen, die sich irgendwann als Mittvierzigerin eine kesse Igelfrisur schneiden lassen wird und sich dann lustige Blechschilder in die Wohnung hängt. Ich sehe die Bilder schon deutlich vor mir. Noch schlimmer: Sie nennt ihren Mann *mein Männe,* was ich auf einer Skala der Grausamkeit nur knapp unter Völkermord einstufen würde, in diesem Fall wohl eher Volkermord, aber für den Witz schäme ich mich selbst.

Volker wiederum hat eine gewisse Ähnlichkeit mit Reinhold Beckmann, sieht also irgendwie aus wie eine Mischung aus ambitioniertem Elternbeirat und belesenem Jazzfan. Einer dieser Menschen, die ihren Urlaub mit den Worten »Ich bin dann mal weg« ankündigen, sich selbst als total verrückt und positiv bekloppt bezeichnen und dann ständig Sachen sagen wie »Stück mal ein Rück« oder »Alles Gute zum Burzeltag«. Es ist ein einziger Albtraum. Doch die Erfahrung hat mich eines gelehrt: Menschen, die von sich behaupten, sie seien positiv bekloppt, sind meistens einfach nur negativ grenzdebil.

Wir klingeln. Kerstin öffnet die Tür. Sie strahlt übers ganze Gesicht und trägt eine kesse Igelfrisur. Das ging schneller als erwartet, denke ich, und blicke auf das Deko-Blechschild im Flur. *Lebe jeden Tag, als wäre es dein letzter.* Schön wäre es, denke ich und möchte auf der Stelle sterben.

Es war immer eine meiner größten Ängste, irgendwann nur noch Pärchen im Bekanntenkreis zu haben. Gemeinsames Kochen, geteilte Ferienwohnungen, Raclette – die komplette Bandbreite. Das alles habe ich mir bis vor Kurzem als unglaublich grausam vorgestellt. Aber ich war naiv und muss mein Urteil korrigieren: Es ist alles noch viel schlimmer.

Volker und Kerstin haben wir vor wenigen Wochen in der Krabbelgruppe kennengelernt. Dieser Satz klingt fast so schrecklich wie: Die beiden haben wir vor wenigen Wochen beim Bingo kennengelernt.

Aber was soll man machen? Ich hatte mir mein Leben früher auch irgendwie verruchter vorgestellt. Koks, Nutten und Spielhallenromantik. Irgendwas muss da aus dem Ruder gelaufen sein. Das Konzept Krabbelgruppe basiert ja auf dem Missverständnis, dass Menschen glauben, junge Eltern würden sich zwangsläufig nicht nur für die eigenen, sondern auch für andere Babys interessieren. Damit möchte ich aufräumen, denn das ist eine Lüge. Die eigenen Kinder sind faszinierend und man empfindet für sie nichts Geringeres als bedingungslose Liebe. Andere Kinder interessieren mich ungefähr so sehr wie Broccoli.

Jetzt sind wir jedenfalls hier und stehen noch immer vor der Tür. Ich frage mich, warum Kerstin uns nicht längst reingebeten hat. Wahrscheinlich, weil ich die ganze Zeit mitschreibe. Ich sehe auf die Fußmatte. »Schau mal«, sage ich zur Frau. Da steht *Home* drauf. Das ist in der Tat sehr praktisch, denn wie oft stehe ich bei mir zu Hause auf der Fußmatte und frage mich: Wo bin ich denn hier wieder gelandet? Zu Hülf! Aber hier? Klare Sache. *Home!*

Volker aka Reinhold »Jazzyfizzle« Beckmann steht nun auch an der Tür. »Hey! Schön, dass ihr da seid.«
»Geht so«, sage ich, während mir die Frau mahnend auf den Fuß tritt. Mein Blick schweift durch den Flur. Auf dem Schlüsselkasten steht das Wort *Keys*. Das sind Freunde der klaren Zuweisungen, denke ich. Nicht dass noch einer auf die Idee kommt, da Topfpflanzen reinzustellen. Beschriftungen sind wichtig. Erst kürzlich dachte ich über die Frage nach, warum auf Coffee-to-go-Bechern immer sämtliche möglichen Kaffeevariationen in dreißig verschiedenen Schriftarten aufgelistet sind. Saß

da ein gelangweilter Grafiker vor dem Becher und dachte sich: Diese gähnende Leere! Schockschwerenot. Wie wäre es, wenn ich meine innere Mindmap aktiviere und einfach willkürlich alle Begriffe, die mir zum Thema Kaffee einfallen, aufliste!?

Inzwischen stehen wir im Wohnzimmer. Die ganze Wohnung sieht aus, als habe ein sehr dicker Mann eine Nanu-Nana-Filiale ausgekotzt. In meinem Kopf hake ich eine Liste ab. *Die größten Sünden der Inneneinrichtung:* Fototapeten, Bildercollagen, Pärchen-Karikaturen von Straßenmalern, Wandtattoos, Blechschilder mit Lebensweisheiten, beschriftete Sofakissen …
Ich könnte ewig so weitermachen.

Wenige Minuten später sitzen wir am gedeckten Tisch in der Wohnküche. Ich betrachte die einzelnen Schüsseln: Mixed Pickles, rote Bete, schlesische Gurkenhappen, eingelegte Perlzwiebeln. Eine einzige Zeitreise in die 90er. Auf dem Tisch steht ein Holzschild mit der Aufschrift: *Home is where your heart is.* Die haben's aber auch mit ihrem *Home.* Einfach Klasse.
Es heißt ja so schön, beim Raclette entwickelten sich immer automatisch zwanglose Gespräche. Ich frage mich, wie das aussehen soll. »Von Zwiebeln muss ich ja immer weinen. Apropos. Volker, wann hast du nochmal deinen Job verloren?« Finde ich als Einstieg für ein lockeres Tischgespräch eher grenzwertig. »Schlesische Gurkenhappen – Opa, wann haben wir nochmal Polen überfallen?« Und ganz ehrlich: Den Satz »Könnt ihr mir mal bitte das Pfännchen reichen?« werde ich im Alter noch oft genug benutzen. Aber das nur am Rande.

Das sind Kerstin und Volker. Male ihnen ein Wandtattoo.

Kerstin verschwindet im Schlafzimmer, kommt dann aber umgehend wieder. »Hier, dein Geburtstagsgeschenk. Hätten wir fast vergessen. Alles Gute nachträglich.«

Ich öffne das Paket und erblicke: eine *Jochen-Schweitzer-Box für Lebenslustige*. Wow! Schon morgen werde ich frustriert auf dem Boden kauern und mich nicht zwischen einem Jodel-Kurs und einer lustigen Segway-Tour entscheiden können. Am Ende überwiegt die Angst, dass all die Lebenslust mich furchtbar müde machen könnte. »Cool! Danke!« Im Kopf gehe ich bereits durch, wie ich mich nächstes Jahr revanchieren kann, und schwanke bisweilen zwischen einer einfachen Nackenschelle und einem Blumenstrauß aus Aspikwurst.

An der Wand gegenüber von meinem Platz erblicke ich eine Collage mit Hochzeitsfotos. Volker und Kerstin erfüllen wirklich jedes Klischee. Die Braut hat sich im Rahmen ihrer Möglichkeiten zwar halbwegs herausgeputzt, aber Volker trägt Chucks zum Anzug. So ein frecher Kerl, denke ich. Hat einfach mal die Turnschuhe rausgeholt, der Lümmel. So fängt das an, und irgendwann wächst du auf und bist Teil der RAF.

»Was hast du gesagt?«

»Nichts. Ihr seid super! Soll ich euch mal einen Witz erzählen? Haltet euch fest: ›Warum ist Beckmann noch draußen? Weil ihn niemand Reinhold.‹«

»Gott, war der schlecht.« Kerstin lacht. »Aber wie kommst du denn jetzt auf Reinhold Beckmann?«

»Keine Ahnung.«

Kerstin lacht erneut.

Ich hasse Kerstin.

Plötzlich steht Volker wie euphorisiert auf. »Hey, ich hab eine tolle Idee. Wie wäre es, wenn wir nächstes Jahr zusammen in den Urlaub fahren?«

»Ich habe auch eine tolle Idee. Wie wäre es, wenn wir uns auf der Stelle erschießen?«

»Was hast du gesagt?«

»Nichts«, antworte ich. »Ihr seid immer noch super. Aber was mir gerade einfällt: Wir müssen los. Die Katze stirbt uns weg.«

»Ihr habt doch gar keine Katze.«

»Doch, seit gestern.«

»Ach, wie schön. Welche Rasse?«

»Golden Retriever.«

»Und wie heißt sie?«

»Reinhold.«

»Es ist wirklich besser, ihr geht jetzt.«

Die zehn Phasen urbaner Spießigkeit

1. Phase: Sie benutzen in sozialen Medien Ausdrücke wie *sneakerporn* oder *quality time*. Ein erster Schritt in die falsche Richtung. Irgendwann landen Sie tief im Abgrund und schreiben unter Kochrezepte dösige Kommentare wie: »Yummi!«, »Pfiffiges mit Pfifferlingen« oder »Nom Nom Nom«. Doch keine Angst, vielleicht sind Sie gar nicht spießig, sondern einfach nur bekloppt.

2. Phase: Sie haben schon längst keinen Fernseher mehr und werden auch nicht müde, dies zu betonen. Stattdessen schauen Sie Ihre geliebten Bagger-Dokus jetzt im Internet. Eine Ausnahme machen Sie nur für den Tatort, den Sie sonntags mit ein paar anderen Pappnasen in einer willkürlichen Szenekneipe verfolgen. Dass sich der Tatort als vieldiskutiertes Massenevent durchgesetzt hat, ist ja okay. Wobei ich auch die Vorstellung, dass irgendwelche Leute sonntags zusammengepfercht in der Kneipe sitzen, um sich *Medicopter 117* reinzuziehen, sehr schön finde. Aber ich schweife ab.

3. Phase: Sie benennen wahlweise Ihre Kinder oder Katzen nach Superfoods. Namen wie Matscha-Günter oder Chia-Pascal sind für Sie keine Besonderheit. Ihre Gesundheit ist Ihr Statussymbol. Goji statt Gucci. Wo Sie einst im Aldi-Nord noch unentschlossen vor den Tiefkühlbaguettes standen, grummeln Sie nun Sätze wie: »Hömma, Elke. Wo hamm die denn dat Spirulina?« Statt auf die Bundesliga freuen Sie sich auf die neue Spargelsaison. Irgendwann sind Sie aufgewacht, mussten von Auberginen nicht mehr brechen und konnten durch eine göttliche Eingebung Petersilienwurzeln von Pastinaken unterscheiden. Schon bald werden Sie die Welt retten und alle Superfoods auf einem Schiff versammeln. Die Arche Quinoa.

4. Phase: Sie entwickeln eine Ihnen bis dahin unbekannte Begeisterung für Möbel. Statt die zu Monatsbeginn aufkommenden Geldreserven weiterhin unreflektiert in Drogen zu investieren, frohlocken Sie nun: »Ach, Jutta. So 'ne Schäselonk ist doch auch was Feines.« Alle paar Monate masturbieren Sie auf den neuen IKEA-Katalog oder alternative Hardcorevarianten von Impressionen oder Westwing. Sie sind jetzt ein Mensch von Welt und benutzen Wörter wie Canapé oder Récamiere. Und – ganz wichtig – Sie besitzen nun eine Etagere. Warum, weiß kein Mensch, aber irgendwann sind Sie aufgewacht und sie war einfach da.

5. Phase: Plastik ist der neue Pelz. Die Angst vor nicht nachhaltigen Verpackungen dominiert Ihren Alltag. Plastiktütenbesitzer stehen für Sie auf einer Stufe mit Robbenschächtern und IS-Kämpfern. Ihr Umweltbewusstsein kann man eigentlich nur gut finden, aber es gibt eine traurige Randnotiz: In vielleicht schon zehn Jahren wird es nur noch Papiertüten geben, und Jugenderinnerungen wie die berühmt-berüchtigte Plastiktütenmatroschka werden aus dem kollektiven Gedächtnis verschwinden und für fragende Blicke sorgen: »Papa, was ist eine Plastiktütenmatroschka?«
»Mein Sohn. Setz dich ...« Dann werden Sie ausholen und erklären: »Vor langer, langer Zeit, als die Welt noch

eine gute war, gab es das Zeitalter der Plastiktütenma-troschka. Das ist im Wesentlichen eine Tüte, die meis-tens an der inneren Türklinke der Abstellkammer hing. In dieser Tüte befanden sich mehrere Tüten, in denen sich wiederum viele andere Tüten befanden. Empiri-schen Studien zufolge konnten bis zu 120 334 Tüten auf engstem Raum gelagert und für ewig konserviert werden. Die Haupttüte, in Fachkreisen auch Muttertüte genannt, wurde von Generation zu Generation weitergereicht und wie ein heiliger Gral behütet.«

6. Phase: Frei nach dem Motto *Weizen – das Crystal Meth des kleinen Mannes* leben Sie in ständiger Angst vor Nudelgerichten. Sie lesen sarrazineske Ernährungs-ratgeber wie *Weizenwampe* oder *Dumm wie Brot* und wünschen dem Bäcker aus reiner Gehässigkeit einen »Gluten Tag«. Selbst für die Mundhygiene benutzen Sie Hummus statt Pasta. Solidarität ist Ihr höchstes Credo. Auch trotz völliger Immunität kaufen Sie laktosefreie Produkte, einfach um zu zeigen: Freunde, ich bin einer von euch! Wenn Sie Milch trinken, pupsen Sie aus reiner Nächstenliebe.

7. Phase: Obwohl Sie früher ein leidenschaftlicher Hos-tel-Urlauber waren, dann aber zu den Pauschalreisern abgedriftet sind, schlafen Sie jetzt wieder *ironisch* in Hostels. Einfach, weil Sie es total verrückt finden, abends mit irgendwelchen Work'n'Travel-Heinis und spani-schen Street-Art-Fotografen an der Bar abzuhängen. Abends im Vollsuff Ihr Bett selbst zu beziehen, empfin-den Sie keineswegs als würdelos, sondern betrachten es – ich zitiere – als »intellektuelle Herausforderung«.

8. Phase: Sie merken, dass Sie selbst längst Teil der Szene geworden sind. Um sich zu distanzieren, schreiben Sie einen pseudoselbstkritischen Text über Ihr eigenes Leben, während Sie in einer willkürlichen Burger-Manufaktur sitzen und bittere Tränen der Erkenntnis auf Ihre verbrannten Süßkartoffel-Pommes weinen.

9. Phase: Die Zeit der Festivals ist endgültig vorbei. Wenn Sie mal ganz verrückt drauf sind, bleiben Sie freitags bis 23 Uhr wach und hören Elektrojazz. Ist zwar nicht live, aber Sie haben ja jetzt wieder »das gute alte Vinyl« für sich entdeckt. Der einzige Schlafsack, den Sie noch kennen, liegt nachts neben Ihnen, schnarcht und heißt Jochen.

10. Phase: Sie sind verzweifelt, weil Sie a) Kinder oder b) keine Kinder haben. Verzweifelt sind Sie in jedem Fall. Sie sagen entweder Sachen wie: »Dieses Jahr fahren wir mit den Mäusen mal wieder für ein paar Tage nach Usedom. Chia-Pascal hat es da so gut gefallen«, oder: »Seit ich wieder mal drei Wochen allein in Neuseeland war, ist mir die deutsche Mentalität so fremd geworden. Und: So fucking amazing! I don't speak German anymore. You really forget so fast.« Wichtig: Sprechen Sie dabei *fast* wie Forstwirtschaft aus. Das macht Sie *so fucking* authentisch.

So, das war es erstmal. Mit fünfzig können Sie sich dann immer noch Ihre Partner-Steppweste schnappen, in Phase 11 übergehen und in die nächstbeste Reihenhaussiedlung auswandern. Aber noch haben Sie Zeit. Leben Sie Ihr Leben. Immer dran denken: The sky is the limit.

Patricks kleine Sandwich-Manufaktur

Ich habe mir einen Sandwichtoaster gekauft. Mein Leben hat jetzt wieder einen Sinn. Falls das mit den Liveshows also bergab gehen sollte, werde ich demnächst einen hippen Laden in meinem Szenebezirk eröffnen. Ideen für die Karte hätte ich bereits …

- Cheese mich tot!
- PORKahontas
- Ich hasse meine Eggs
- Was kann ich für Sie Thun?
- 'nen Chicken Anzug ham Se da
- Feta und Söhne
- Bitte nicht vom Baconrand springen
- Lachs an mir oder Lachs an dir?

Ich suche auf diesem Weg noch einen Buchhalter und qualifiziertes Servicepersonal.
Infos unter: www.irgendwasmitmanufaktur.de

Gespräche am Nebentisch

1

Ein Restaurant in Wien, der Ober kommt zum Tisch.

Ober: »Etwas Zitrone zu Ihrem Schnitzel?«

Gast: Nein danke. Ich hasse Zitronen.«

Ober: »Aha.«

Gast: »Es ist der Geruch. Sie erinnern mich an WC-Reiniger.«

Ober: »Ich?«

Gast: »Nein, die Zitronen.«

Ober: »Sie wissen aber schon, dass der Duft von Zitronen-WC-Reiniger der Zitrone nachempfunden ist und nicht umgekehrt?!«

Gast: »Können Sie nicht einfach meine Gefühle akzeptieren?«

Ober: »Was kann ich denn dafür, dass Sie so kompliziert sind.«

Gast: »Tut mir leid.«

Ober: »Was machen Sie denn, wenn es bald einen WC-Reiniger mit Steak-Duft gibt?«

Gast: »Mit Verlaub, Sie sind ein Genie.«

Ein Café in Berlin, der Kellner räumt ab.

Kellner: »Alles zu Ihrer Zufriedenheit?«

Gast: »Das Rührei war ein bisschen ledrig.«

Kellner: »Wie meinen?«

Gast: »Na, ich will's ja essen und nicht das Bad damit scheuern.«

Kellner: »Ich werd's weitergeben.«

Gast: »Das Rührei?«

Kellner: »Nein, Ihre Kritik.«

Gast: »Ist ja nur meine Meinung. Ich mag's halt lieber cremig. Aber wenn die Leute hier gerne Putzlappen essen.«

Kellner: »Bestimmt nicht.«

Gast: »Ich meine, falls man beim Frühstück mal spontan einen Schwamm braucht ...«

Kellner: »Ich hab's ja jetzt verstanden. Es tut mir wirklich sehr leid. Darf ich Sie auf einen Espresso einladen?«

Ist natürlich Quatsch. In Wahrheit lief es so ab:

Kellner: »Alles zu Ihrer Zufriedenheit?«

Gast: »Das Rührei war ein bisschen ledrig.«

Kellner: »Jut. Passiert. Vier fuffzig, bitte.«

3

Ein Café im Dortmunder Kreuzviertel.

Die junge Frau am Nebentisch fotografiert seit zehn Minuten ihren Avocado-Bagel. Mit einem deutlichen Ausdruck der Verwunderung beobachten zwei Rentner am Nebentisch das seltsame Szenario. Irgendwann steht einer der beiden Herren auf, nimmt seinen Teller und geht zu ihr hinüber.

»Sind Sie Restaurantkritikerin?«
»Eigentlich nicht. Wieso?«
»Wegen der Fotos.«
»Ich bin Bloggerin.«

Der Mann überlegt kurz und hält ihr dann gönnerisch sein angebissenes Mettbrötchen vor die Nase: »Ich kenne Ihr ausgefallenes Hobby nicht, aber wenn Sie möchten, können Sie das Ding hier auch mal knipsen.«

4

Ein Restaurant in Lüneburg.

16.45 Uhr. Am Nebentisch sitzen drei Mädchen (ca. 16 Jahre) und plaudern über wichtige private Themen. Eigentlich wollte ich ein Buch lesen, aber das Gespräch ist so furchtbar spannend, dass ich einfach zuhören muss.

Hauptthema: Eines der Mädels hat heute Morgen nach drei Jahren Beziehung mit ihrem Freund Schluss gemacht. Nun unterhalten sie sich angeregt über die Frage, ob es legitim sei, wenn sie ihren Facebook-Status noch heute in »Single« ändere. Einwand der Freundinnen: Der Ex-Freund könne denken, dass sie sofort wieder auf der Suche sei. Das wäre in der Tat etwas taktlos und könne (ich zitiere) ein wenig »bitchy« wirken.

Angeregt wird nun seit einer guten Stunde eine kontroverse Pro-und-Kontra-Diskussion geführt. Eine schier endlose Debatte, in der ein Argument das nächste jagt. Ich selbst nippe an meinem inzwischen kalten Kaffee und lausche völlig gebannt dem Geschehen …

18.20 Uhr. Um das Ergebnis auf den Punkt zu bringen: Sie wartet jetzt noch bis morgen. Die Kompromissfähigkeit junger Menschen imponiert mir ungemein. Ich habe nun keine Angst mehr vor der Zukunft. Hach, war das ein aufregender Tag.

5

Ein Bahnhofscafé in Hannover, die Kellnerin kommt zum Tisch.

Sie: »Für Sie einen Kaffee?«
Ich: »Gerne.«
Sie: »Milch oder Zucker?«
Ich: »Nein danke.«
Sie (nachäffend): »Oh, ich trinke meinen Kaffee schwarz! Seht nur her, was für ein toller Kerl ich bin.«

Ich: »Wie bitte?«

Sie: »Oh, ich bin so hart. Ich trinke nur schwarzen Kaffee und Motoröl!«

Ich: »Aber …«

Sie: »Sie müssen hier doch niemandem etwas beweisen.«

Ich: »Na gut, dann gerne ein bisschen Milch.«

Sie: »Sie süßes kleines Mädchen.«

Ich: »Ich hasse Sie.«

6

Ein Café in Berlin, das junge Pärchen am Nebentisch spielt Mau-Mau.

Er: »Ich wünsche mir Pik.«

Sie: »Und ich wünsche mir ein schöneres Leben.«

Wir sind doch so verdammt glücklich

Glücklich, das sind immer die anderen, denkt man, während man im Zug sitzt und in der spiegelnden Fensterscheibe das Pärchen beobachtet, das vor zwei Stunden Arm in Arm in den Zug gestiegen ist, seit zehn Minuten ununterbrochen knutscht und sich gegenseitig Kosenamen wie Schatzi und Mausepups gibt. Sie lachen, tollen herum, machen lustige Selfies, und vor wenigen Minuten hat er ihr über die Haare gestreichelt, woraufhin sie ihn *mein kleines Wunderbärchen* genannt hat, worauf mir wiederum spontan einige Bröckchen aufgestoßen sind. Gott, wie beschissen glücklich kann man denn sein?

Verstehen Sie mich nicht falsch. Der Vorwurf betrifft nicht das Glücklichsein an sich. Vielmehr geht es wohl um diese aufdringliche Seligkeit und den damit einhergehenden passiv-provozierenden, dämlich-beseelten Gesichtsausdruck. Dieses: »Hey-wir-sind-so-verdammt-super-duper-happy-siehst-du-das-nicht-du-trostlos-hingeschluderte-Existenz. Und wir? Hallo? Vorzeige-Pärchen!«

Immer, wenn ich durch die Einkaufsstraßen schlendere und auf die ausgestellten Musterfotografien der Passfotogeschäfte schaue, frage ich mich, wo die glücklichen Menschen auf den Bildern herkommen. All diese strahlenden Familien, mit hübschen Kindern, herzhaft lachenden Frauen und dynamischen Jungvätern mit diesem aufdringlich vitalen Teint. Rosige Wangen haben sie, weiße Zähne und so prächtig volles Haar. Glückliche Menschen! Sie lauern überall. Und sie lassen einen selbst so verdammt farblos wirken.

Und eigentlich geht es uns doch gut, möchte man sagen, aber im Vergleich zu euch quickfidelen Sonnenscheinen sind wir ein dreckiges Häufchen Elend. Uns hat noch niemand gefragt, ob wir die neue Musterfamilie im Fotogeschäft sein möchten, dabei träumten wir jahrelang von nichts anderem. Ich frage mich: Gibt es dafür Castings? Wo kommen alle diese Leute her? Werden die gezüchtet? Urbane Boheme? Flüchtige Landhausbesitzer? Was sind die Kriterien? Einkommen, Anzahl der Kinder, Häufigkeit von Urlauben mit Lonely-Planet-Reiseführern oder Sabbaticals? Wer hat mehr Paulo-Coelho-Bücher gelesen? Geht es um Ausstrahlung oder braucht man einfach nur gelbe Gummistiefel und so einen bescheuerten Fjällräven-Rucksack? Ich weiß es nicht.

Aber da würde doch jeder mitmachen. »Wir suchen eine neue Musterfamilie. Sie sind glücklich und lieben einander? Dann bewerben Sie sich!« Da geht ja keiner vorbei und sagt: »Glücklich? Auf keinen Fall, oder Sybille? Denk doch nur an unsere traurigen bleichen Gesichter. Und unser Sohn erst! Der ist so dermaßen depressiv, dass er sogar beim Schaukeln negative Schwingungen hat. Wir sind sowas von unhappy, da würde sogar Pharell Williams auf der Stelle die Fresse halten.«

Aber es gibt sie. Überall lauern sie. Menschen, denen schon vor dem ersten Kaffee die Sonne aus dem Arsch scheint. All diese strahlenden Mütter, die sich denken: Hach, nach dem Yoga einfach mit den Kindern willkürliche Dinge aus Filz basteln und dann mal schauen … Vielleicht einfach ein bisschen rumwuseln.

Sogar beim Joggen seht ihr glücklich aus. So herrlich unangestrengt. Nicht wie diese aufgedunsenen schnappatmenden Neujahrsvorsatz-Läufer. Sogar an der roten Ampel joggt ihr weiter auf der Stelle. Und lächelt dabei. Ich habe nur eine Frage: *Warum?*

Wir sehen euch jeden Tag. Auf Pinterest, Instagram, in den Möbelkatalogen, Bauspar-Prospekten und der Check24-Werbung. Und immer seht ihr so verdammt gut aus, interessiert euch für rumänische Hybrid-Lyrik und Interior-Design, wohnt in Industrie-Lofts mit Sichtbetonwänden, lest Kunstmagazine und seid dabei so verdammt glaubwürdig. Ihr seid so authentisch, ihr hört sogar Radio auf Vinyl.

Man möchte noch immer schreien: Hey, uns geht es doch auch gut. Wir haben ein wunderbares Leben, wohnen in einer schönen Altbauwohnung mit Echtholzdielen, aber im Vergleich zu eurem Industrie-Loft mit all den Designermöbeln wirken wir so trostlos wie menschgewordenes Klicklaminat. Gegen eure minimalistisch herumbaumelnden Designer-Glühbirnen haben wir keine Chance. Seht uns an: Wir sind der Fliesentisch der Gesellschaft.

Aber es geht immer noch besser, noch ästhetischer. Was ist denn, wenn diese glücklichen Musterfamilien aus den Fotogeschäften wiederum Bilder von glücklicheren Musterfamilien haben, und die wiederum haben Bilder von noch glücklicheren Musterfamilien an ihren Wänden? Ist das noch Teufelskreis oder schon *Inception*? Und wer sind dann die Allerallerglücklichsten?

Und haben die Allerallerglücklichsten am Ende auch Selbstzweifel, weil sie niemanden haben, zu dem sie hinaufschauen können, und ihre Kraft und Energie aus Bildern von gescheiterten Existenzen ziehen müssen? Gibt es deswegen all diese fotografischen Milieustudien mit Bildern von den gezeichneten Gesichtern Obdachloser? Was hängt denn an euren Wänden? Anderer Leute Scheidungspapiere und Insolvenzverträge oder Kontoauszüge von knietief im Dispo stehenden Arbeitslosen? Man weiß es nicht.

Glücklich, das sind immer die anderen. Ich meine, sieh uns doch an. Ich mache Witze über deine High-Waist-Jeans, weil jede noch so zierliche Frau darin wie Obelix aussieht, und während andere Paare sich morgens romantische Hab-dich-lieb-Botschaften auf Klebezettelchen hinterlassen, steht bei uns im beschlagenen Badezimmerspiegel höchstens mal ein »Mach die Haare aus'm Duschsieb, du Penner.« Unser Leben ist meistens gar nicht so aufregend. Wir liegen auf der Couch, essen kalte Pizza und schauen die x-te Staffel einer willkürlichen, austauschbaren Sitcom:

Abschlussszene: *Die Familie sitzt am Esstisch, die Kinder strahlen. Der Vater lacht und spricht halb in die Kamera und halb zu sich selbst: »Haha! Da haben wir es aber wieder ganz schön wild getrieben. Wir sind schon eine chaotische Bande. Was wohl morgen wieder Aufregendes passieren wird?«*

Sitcom-Familien, das sind vermutlich die schlimmsten. Mit ihnen hat doch alles erst angefangen. Sie leben in einer heilen Welt, wo niemand arbeitet und alle nur herumtollen. Wo die Mutter den ganzen Tag frisch frisiert Kuchen backt. In der Sitcom sagt sie »Cheesecake«, weil Cheesecake nach Lifestyle klingt und Käsekuchen eben nur nach Käsekuchen. Das schwingt ja subtil mit: Du hast Cheesecake gebacken. Toll, wie du dir als emanzipierte Karrierefrau deine Auszeiten nimmst und die Grundschulklasse deiner Kinder auf Sommerfesten mit Kuchen versorgst. Schreib doch auf deinem Blog mal was über deine Selbstverwirklichung beim Backen.

Aber wenn jemand im 21. Jahrhundert noch Käsekuchen backt, dann hat doch der Feminismus auf ganzer Strecke versagt. Käsekuchen! Gähn! High Performer machen Cheesecake! Mensch, Ute. Du bekommst im Leben ja richtig was gebacken, du olle Powerfrau.

Powerfrau ist übrigens einer dieser hässlichen Begriffe, die mittlerweile sogar auf Netflix ihre eigene Sparte bekommen: *Filme über erfolgreiche Frauen.* Von Powermännern hört man ja selten, weil der Mann per se ein Powermann ist, die Powerfrau hingegen ist eine Art Multitaskforce. Als Powermann reicht es, wenn du tagsüber zur Arbeit gehst und abends die Kinder ins Bett bringst, als Powerfrau musst du nähen, kochen, bügeln, den Nachwuchs großziehen, einen Großkonzern leiten und nebenbei den Nahostkonflikt lösen. Aber ich schweife ab …

Glücklich, das sind immer die anderen, denkt man, während man im Zug sitzt und in der spiegelnden Fensterscheibe das Pärchen beobachtet, das mittlerweile dazu übergegangen ist, sich gegenseitig liebevoll den Nacken zu massieren. Dass sie noch Kleidung anhaben und sich vermutlich aus Gründen der Diskretion bewusst gegen den Einsatz von Bodylotion und Blowjob entschieden haben, grenzt an ein Wunder. Vielleicht sind *sie* die Allerallerglücklichsten, denke ich.

Aber vielleicht, nur ganz vielleicht, denkt die junge Frau im Zugfenster auch gerade: »Gott, ich hasse Massagen.« Und er denkt: »Wunderbärchen! Ich glaub, ich kotze. Warum können wir nicht einfach so sein wie die anderen? Die beiden da drüben zum Beispiel. Die sehen doch irgendwie zufrieden aus.«

Kurz bevor der Zug den Bahnhof erreicht, siehst du mich an. »Bist du glücklich?«, fragst du.
»Ja«, sage ich. »Ich bin verdammt glücklich. Vielleicht haben wir nicht ganz so einen rosigen Teint, aber wir mussten zumindest noch nie an einer Ampel auf der Stelle joggen. Vielleicht schweigen wir manchmal bei Tisch. Vielleicht laufen wir nicht engumschlungen nebeneinanderher, weil das auch schlichtweg unbequem ist. Vielleicht haben wir uns manchmal nichts zu erzählen und auch nicht immer was zu lachen. Aber all das muss man ja auch erstmal gemeinsam nicht können.«

»Gott, ist das ein kitschiges Ende«, sagst du.
»Kann sein«, sage ich.
»Schon okay«, sagst du. »Hab dich lieb. Aber zu Hause machst du endlich die Haare aus dem Duschsieb, du Penner.«

Harmoniemenschen

Spieleabend mit der Familie, die Frau muss mir eine Wissensfrage stellen und liest erst einmal in Ruhe die Karte durch.

Frau: »Ach, Mensch. Die Frage ist voll einfach.«

Ich: »Na toll, jetzt kann ich mich ja nur blamieren.«

Frau: »Die Frage ist wirklich für Deppen.«

Schwägerin: »Wenn du das schon so überheblich betonst und Patrick es dann wirklich nicht weiß, hätte es einen herablassenden Beigeschmack.«

Frau: »Jetzt stellt euch mal nicht so an.«

Ich: »Allgemeinwissen ist doch ein subjektives Empfinden.«

Schwägerin: »Ja, so wie Schmerzen.«

Ich: »Jetzt stell schon die Frage.«

Frau: »In welcher Novelle von Günter Grass geht es um einen gewissen Wilhelm Gustloff?«

Ich: »Siehst du! Hab ich nicht gelesen. Keine Ahnung.«

Frau: »Dann rate doch einfach.«

Ich: »In *Katz und Maus*.«

Frau: »Falsch! *Im Krebsgang!* Du hast doch Germanistik studiert. Echt traurig.«

Ich: »Jetzt lass doch mal den gehässigen Unterton weg. Nur weil du dein ganzes Leben im Hörsaal versauert bist. Ich habe damals wenigstens gelebt.«

Mutter: »Das hätte selbst ich gewusst.«

Ich: »Hättest du nicht. Und das wissen wir beide. Ich finde, wir sollten die Frage wiederholen.«

Frau: »Fakt ist – du hast es nicht gewusst.«

Ich: »Fakt ist – ich konnte mit dem Druck nicht umgehen.«

Schwägerin: »Jetzt streitet euch nicht. Ist doch nur ein
Spiel.«

Frau: »Was kann ich dafür, wenn der im Wald aufge-
wachsen ist!?«

Ich: *»Jetzt ist hier aber mal Ruhe!«*

Frau: »Boah, du bist wie der Typ aus der Serie Strom-
berg, den keiner leiden kann.«

Ich: Erstens heißt der Ernie, zweitens stimmt das nicht
und drittens ... Ach, ich hasse euch alle.«

Gesellschaftsspiele – ein Quell familiärer Harmonie.

Humor ist, wenn man trotzdem stirbt

»Entschuldigung, haben Sie eine Zigarette?«

»Na klar doch. Bitte schön.«

»Danke. Feuer vielleicht auch?«

»Aber rauchen können Sie selbst?«

»Alter, wie sind Sie denn drauf?«

»Wieso?«

»So einen krassen Spruch habe ich ja noch nie gehört.«

»Danke.«

»Ich meine, ich hab Sie einfach nur nach einer Kippe und Feuer gefragt und Sie hauen dann so einen Brüller raus.«

»Na ja, der ist jetzt nicht unbedingt von …«

»Das ist so witzig, wie Sie meine prekäre und passive Verhaltensweise parodieren. *Aber rauchen können Sie selbst? Das ist Satire auf einem neuen Level. Schreiben Sie für die *Titanic?*«

»So gut war der auch wieder nicht.«

»Jetzt stellen Sie Ihr Licht mal nicht so unter den Scheffel, guter Mann.«

»Na gut.«

»Darf ich ein Foto mit Ihnen machen?«

»Aber der ist gar nicht von mir.«

»Witze müssen auch erzählt werden können. Mit Verlaub, Sie sind der Wahnsinn. Haben Sie noch so einen auf Lager?«

»Kommt auf die Situation an. Wir spielen das einfach nochmal durch. Sie fangen an.«

»Entschuldigung, haben Sie eine Zigarette?«

»Na klar doch. Bitte schön.«

»Danke. Feuer vielleicht auch?«

»Jetzt fühle ich mich unter Druck gesetzt.«

»Na, kommen Sie …«

»Ich fürchte, ich hab meine beste Nummer bereits ver-
braten.«

»Ein Versuch noch. Also: Danke. Feuer vielleicht auch?«

»Sehe ich aus wie Willy Brandt?«

»Alter, der war richtig scheiße. Ich bin ziemlich enttäuscht.«

»Tut mir leid.«

Das Passfoto

Stadtbummel mit der Familie. Weil ich für den morgigen Amtsbesuch noch ein biometrisches Passbild brauche, landen wir schließlich im Fotogeschäft.

Ich: »Guten Tag. Ich bräuchte ein Bild für den Reisepass.«

Mann: »Vier oder acht?«

Ich: »Eines.«

Mann: »Es gibt aber nur vier.«

(Pause)

Ich: »Oder acht?«

Mann: »Sie müssen jedenfalls mindestens vier nehmen.«

Ich: »Was soll ich denn mit vier Passfotos?«

Mann: »Eines für den Reisepass, der Rest für Ihre Familie. Ihre Frau könnte sich zum Beispiel ein Foto in ihr Portemonnaie stecken.«

Frau (von der Seite): »Hahaha! Als ob!«

Mann: »Sie können auch vier verschiedene Bilder haben. Sollen denn alle biometrisch sein?«

Ich: »Meinetwegen auch völlig bizarr-verzerrt und asymmetrisch.«

Mann: »Ich könnte ein normales Passbild von Ihnen machen, und für die anderen drei Fotos könnten Sie sich was Verrücktes ausdenken.«

Ich: »Was schwebt Ihnen da so vor?«

Mann: »Ich hätte zum Beispiel einen Schnurrbart am Stiel.«

Ich: »Aber ich habe doch schon einen Schnurrbart.«

Das ist Patrick. Male ihm ein Partyhütchen.

Mann: »Nein, Sie haben einen Vollbart!«

Ich: »Aber ein Vollbart impliziert einen Schnurrbart bereits. So wie ein Halbkreis auch ein Viertel oder eine Oma bereits eine Mutter impliziert.«

Mann: »Sie vergleichen Ihre Großmutter mit einem Vollbart?«

Ich: »Nur hinsichtlich des Implikationsstatus.«

Mann: »Sie sind mir auch so ein Implikationsstatus. Dann nehmen Sie halt was anderes. Vielleicht einen lustigen Partyhut?«

Ich: »Das wäre ja völlig verrückt. Ich glaube, ich nehme einfach doch viermal das gleiche Bild. Vielleicht möchte meine Mutter eines haben?«

Mutter (von der Seite): »Hahaha! Als ob!«

Ich: »Dann geben Sie mir halt ihren bekloppten Partyhut.«

Mann (kichernd): »Hihi! Das wird witzig.«

Die Daddy-Attitude

Es ist kein Geheimnis, dass mit einem gewissen Alter, nach Beendigung von Studium, Berufsausbildung und dem damit einhergehenden Schwinden sozialer Kontakte diverse Möglichkeiten des aktiven Flirts ausgeschöpft sind. Möchte man zudem ein Stück seiner Selbstachtung bewahren und nicht auf Ü30-Partys rumzappeln oder Sonntagmittag mit einem ganz frechen Aperol Spritz in einem willkürlichen Innenstadtbistro brunchen, bleiben irgendwann nicht mehr viele Optionen übrig.

Irgendwann helfen dann zum Kennenlernen nur noch Gimmicks. Hunde zum Beispiel. Aber das hat sich bereits zu sehr rumgesprochen. Als kleiner Tipp und Merkhilfe sei verraten, dass laut meiner empirischen Studien alle Flirtaccessoires, die im besten Falle mindestens auf Knutschen hinauslaufen könnten, mit dem Suffix -inder enden.

a) Tinder (für die Suche nach besonders selbstbewussten Frauen, die wissen, was sie wollen, oder für besonders schüchterne Frauen, die sehr verzweifelt sind)
b) Kinder (für die sesshafte Frau im besten Tchibo-Alter)
c) Ein Blinder (für empathische Frauen mit Helfersyndrom)

Für Kosmopoliten fände sich im besten Falle bestimmt auch ein blinder Inder, aber man sollte die Dinge nicht ausreizen, und blinde Inder sind vormittags eher schwer für einen spontanen Spaziergang aufzutreiben. Tinder ist mir zu verrucht. Was also bleibt, sind Kinder.

Zu Kindern habe ich eigentlich ein gutes Verhältnis, außer dass mir manchmal das nötige Fingerspitzengefühl fehlt. So habe ich es mir einmal ziemlich mit meinem Patenkind verscherzt. Als ich erzählte, dass ihr Großvater jetzt im Himmel sei, fing sie jedenfalls tierisch an zu weinen. Das nächste Mal sollte ich dem Kind vielleicht schonender beibringen, dass ihr Opa mal wieder nach Teneriffa in den Urlaub fliegt. Aber gut. Man lernt nie aus.

Durch eine diffuse Verkettung glücklicher Umstände bin ich vor einiger Zeit selbst Papa geworden. So früh wie möglich versuchte ich, mich auf meine Rolle vorzubereiten. Papa ist man nicht einfach. Da geht es um *Attitude.* Zur optimalen Vorbereitung habe ich mir einen dieser modernen Kinderwagen im Retro-Look gekauft. Denn hier in meinem Akademikerviertel, wo der Kinderwagen als Statussymbol der gehobenen Mittelschicht herhalten muss – der Ferrari der Bourgeoisie sozusagen –, durfte ich den anderen Eltern in nichts nachstehen. Da heißt es abwägen. Möchte man modern und sportiv rüberkommen, im besten Falle wie einer dieser überambitionierten Jungväter, die mit dem Nachwuchs in einem dieser kessen Dreiradflitzer joggen gehen? Möchte man casual oder urban-classy sein und auf Understatement setzen? Kombi- oder Zwillingswagen? Sportwagen, Buggy, klassisch oder die stylische Retro-Variante? Die Auswahl ist schier gigantisch.

Die Eltern-mit-Kinderwagen-Szene erinnert mich übrigens oft an die Trucker-Szene. Man fährt aufeinander zu. Ein stummer Gruß, ein kurzes Nicken, der Ansatz eines Lächelns. Man kennt sich in der Hood. Ein unausgesprochenes »Wir sind im Wesen vereint, aber ich hab schon den krasseren Wagen, du Loser«. Dann fährt man einsam weiter in den Sonnenuntergang, um die Ladung abzuliefern. Im Kopf ein Song von Jonny Cash in Endlosschleife. Einzig die Lichthupe fehlt hier. Und ich vermisse meine geliebten Sanifair-Bons.

PS: Ich will damit nicht sagen, dass ich den krassesten Kinderwagen habe, aber die ausfahrbaren Messer in den Felgen können was. Für mich als Teilzeithipster kam damals natürlich nur die Vintage-Version in Frage. Korpus: Dunkelblaues Leinen auf Chromgestell. Zeitlose Eleganz. Und Felgen in der Größe eines Monstertrucks.

Seit nunmehr vielen Wochen fuhr ich jedenfalls jeden Nachmittag zur besten Latte-macchiato-Mütter-Zeit mit einem mit Socken und Zeitungspapier ausgestopften Kinderwagen durch die Gegend und versuchte, mich in die Jungelternszene zu integrieren. Normalerweise gibt man als Lebenslügner ja vor, etwas zu sein, was man nicht ist, in den meisten Fällen halt etwas Besseres. Ich hingegen tat so, als würde ich etwas »besitzen«, was ich ohnehin bald haben werde. Eine zugegebenermaßen sehr dumme Lebenslüge. Erinnert mich daran, wie ich einmal versucht habe, eine Art Gegenentwurf von *Catch me if you can* zu schreiben, um mich langfristig in die auserlesene Riege an Hollywood-Autoren zu reihen. Im Wesentlichen ging es in meiner Story um einen wohlhabenden Staatsanwalt aus Hückeswagen, der aus purer Langeweile ständig in die Rolle von Menschen in völlig normalen Berufsgruppen schlüpfte. So arbeitete er zum Beispiel montags im Nagelstudio, mittwochs als Fliesenleger und samstags in der Frittenbude. Das Ganze flog nie auf, weil es schlichtweg keinen interessierte. Catchy, dachte ich damals und stellte mir bereits Leonardo DiCaprio als ambitionierten Fliesenleger vor. Aber ich schweife ab.

Um mit Frauen ins Gespräch zu kommen, sind Kinder jedenfalls super. Man kann sich im besten Falle als alleinerziehender Vater ausgeben, der trotz allen beruflichen Erfolgs und seines sozialen Engagements in diversen karitativen Einrichtungen noch genug Zeit für den Kleinen findet.

Sagen Sie Dinge wie: »Hach, ohne den Kleinen wäre das doch alles wertlos.« Oder: »Seit der Racker in mein Leben getreten ist, habe ich wieder gelernt, die Welt durch die Augen eines Kindes zu sehen.« Das ist zwar völliger Blödsinn, weil man durch die Augen eines Kindes meistens nur Tischbeine und Unterschenkel sieht, klingt aber total süß.

Doch Obacht ist geboten, wenn man einmal als Lebensschwindler aufliegt, muss man schleunigst den Spielplatz wechseln, um nicht langfristig als Freak dazustehen. Im schlimmsten Fall kann man sich in seinem Viertel irgendwann nicht mehr sehen lassen. Aber wie gesagt: Meine Methode war sicher und die Tarnung perfekt. Einziges Problem: Das Kind fehlte.

Hin und wieder linste nämlich mal eine neugierige Dame in den Kinderwagen, um zu schauen, wie der kleine Racker so aussieht. Oft geriet ich dann auf Spielplätzen in seltsame Situationen:

Frau: »Ja, wo ist denn Ihr Kind?«
Ich: »Es holt Stöckchen.«
Frau: »Sie lassen Ihr Kind apportieren?«
Ich: »Natürlich. Eine bessere Schule fürs Leben kann es nicht geben.«
Frau: »Aha. Und wo ist es?«
Ich schaue mich suchend um. »Im Wald.«
Frau: »Es ist schon recht lange im Wald.«
Ich: »Sehen Sie mich an. Ich bin ein starker Mann. Ich habe den Stock sehr weit geworfen.«

Ich blicke in Richtung der zahlreichen Bäume und rufe: »Woooolfgang! Woooolfgang! Ja, komm mal fein her.«
Die Dame sieht mich verwirrt an. »Sie nennen Ihr Kind Wolfgang?«
»Ja«, sage ich. »Halb Tier, halb Fortbewegungsart. Eigentlich wollte ich ihn erst Igelmarsch oder Katzenbummel nennen, aber das klang mir dann doch zu sehr nach *Klein Adlerauge*. Mit Wolfgang kann man nichts falsch machen, dachte ich.«
Die Frau nickt stumm. Die Sekunden verstreichen. Irgendwann verabschiede ich mich höflich, verschwinde im Wald und tue so, als würde ich ihn suchen. »Wolfiiii!«

Auf Spielplätzen habe ich viel gelernt. Für viele Eltern sind Kinder wie Pokémon-Karten. Das ist ein verbissener Wettbewerb, da werden jegliche Entwicklungsschritte minutiös festgehalten, da geht es um Stolz und um Ehre. Eine Art generationsverzögerte Kompensationsmethode. In der Wahrnehmung mancher Eltern können manche Zweijährige bereits Adorno rezitieren und sprechen 15 Fremdsprachen fließend. Im besten Fall soll das Kind das Level an Intelligenz erreichen, das man selber in dem Alter nicht hatte. Mein Sören kann *dies*, mein Quentin kann *das*.

»Und was kann Ihr Wolfgang?«, hieß es dann oft. Ich hielt es stets mit der ehrlichen Variante. Denn – machen wir uns nichts vor – Wolfgang kann nichts. Und wie heißt es so schön? Wo nichts ist, kann auch nichts werden. Warum sollte ich unnötig Sozialneid erzeugen und dieses Pokémon-Ding mitspielen? Wobei es natürlich auch seinen Reiz hätte. »Am Anfang konnte ich mit Wolfgang nicht viel anfangen, aber seit er Feuer speien kann, verwende ich ihn als Toaster.« Oder »Los, Wolfgang: Elektro-Attacke!«

Mein Kinderwagen-Trick klappte bisweilen ganz gut. Man kam auf jeden Fall ins Gespräch.

Einziger Nachteil: Ich habe mittlerweile 17 Kinder namens Wolfgang, die einfach so aus dem Wald getrampelt kamen, als ich ihren Namen gerufen habe. Meine empirischen Studien besagen, dass wir in deutschen Wäldern neben einem Altmetall- und Winterreifen- ein explizites Wolfgang-Problem haben.

Na ja, ich machte das Beste daraus. Denn wie man in den Wald ruft, so schallt beziehungsweise trampelt es heraus. Und wie ich immer sage: Ein Wolfgang ist ein Wolfgang. 17 Wolfgangs sind eine Wolf-Gang. Also legt euch nicht mit uns an.

Sonst: Elektro-Attacke!

Die Entdeckung der Langsamkeit II

Auf dem Spielplatz, ein circa fünfjähriger Junge sitzt seit zwanzig Minuten auf seinem Bobbycar und rührt sich nicht vom Fleck.

Ich: »Willst du nicht mal ein Stück fahren?«
Er: »Geht nicht. Ich spiele Stau.«
Ich: »Unfall?«
Er: »Nee, Berufsverkehr. Willst du mitmachen?«
Ich: »Na klar doch.«

Nun hocken wir gemeinsam auf unseren roten Plastik-Limousinen und üben uns seit einer gefühlten Ewigkeit in konsequentem Stillstand. Verwirrten Blicken zum Trotz harren wir der Dinge, die da kommen. Nach circa einer halben Stunde wollen natürlich auch die anderen Kinder mitspielen.

Kinder: »Hey! Wie heißt euer Spiel?«
Ich: »Der superauthentische A40-Simulator. Für fünfzig Cent seid ihr dabei.«

Welch unverhofft aufregender Tag.

Spielplatzlegenden – aus dem Tagebuch eines verwirrten Vaters

1

Ich sitze auf der Bank neben dem Sandkasten. Der Sohn haut seit einigen Minuten einem anderen Kind konsequent Eimer auf den Kopf. Die anderen Eltern schauen mich mahnend an, weil ich applaudiere. Aber hey, was soll ich denn machen? Ich kann den Typen halt auch nicht leiden.

Wenn ich diese ganzen jutegebeutelten Alnatura-Eltern sehe, entwickle ich einen dringlichen Wunsch nach Abgrenzung. Aus reinem Protest trage ich deshalb ein Shirt mit der Aufschrift *Käfighaltung: Ich sage Ja!* und einen Pelzbeutel mit dem dezenten Schriftzug *Jeden Tag 'ne gute Tat. Primark, Plastik, Glutamat.*

Vorhin habe ich einem seltsamen Gespräch gelauscht. Es ging um Windeln.

Eine Mutter mit ihrem circa zwei Jahre alten Sohn auf dem Arm: »Luca ist jetzt seit zwei Wochen trocken.«
Ich: »Klasse! Meiner säuft immer noch wie 'n Loch.«

Danach bedrücktes Schweigen. Die haben alle keinen Humor, die Leute.

Überhaupt ist das alles höchst faszinierend mit den Kindern. Der Sohn krabbelt einfach irgendwohin, fasst alles an, und wenn es Stress gibt, haut er mit der Schippe um sich. Ich bin Fan von diesem Konzept.

Memo an mich selbst: Im Alltag öfter mal eine Schaufel dabeihaben.

Pazifismus ist letztlich auch nur eine Erfindung der Schwachen und Schippenlosen.

2

Immer wenn ich Babys mit Motiv-Shirts wie »Daddy's Liebling« oder »Mamas größter Stolz« sehe, überkommt mich das Gefühl, dass sich die Eltern ohne den entsprechenden Aufdruck gar nicht so sicher wären. Aber wie oft sieht man schon ehrliche Varianten wie »Mamas viertgrößter Stolz«, »Schön is' anders« oder »Eigentlich wollte Papa 'nen Hund«?

Eine junge Frau hat ihre Tochter Sansa genannt, weil sie den Charakter aus *Game of Thrones* so sympathisch fand.

Sind doch alle bekloppt, die Leute. Ich hab's sofort dem Sohn erzählt. Sauron fand's auch albern.

Just in diesem Moment höre ich ein junge Mutter brüllen: »Laura und Filius, wir müssen los.«

Meine Lateinkenntnisse mögen mich trügen, aber ich glaube, ihr Sohn heißt tatsächlich Sohn. Gewagt, aber praktisch.

Erneut vertreibe ich mir die Zeit mit dem Sohn auf dem Spielplatz.

Fremder Vater: »Können Sie Ihrem Kind bitte sagen, dass es mein Kind nicht mit der Schippe hauen soll.«
Ich: »Da habe ich auch schon drüber nachgedacht.«
Er: »Und?«
Ich: »Nach intensiver Beobachtung der Situation bin ich der Meinung, dass es eine andere Lösung geben muss.«
Er: »Arschloch.«
Pong!
Er: »Haben Sie mich gerade ernsthaft mit Ihrem Salamibaguette geschlagen?«
Ich: »Ach wissen Sie, die Kinder sind letztlich doch nur ein Spiegelbild unserer selbst.«

Das Pärchen neben mir auf der Bank wirft seinem Sprössling derweil in regelmäßigen Abständen Brotkrumen auf die Wiese. Das Kind wirkt glücklich. Ente gut, alles gut.

4

Hier in meinem Akademikerviertel, wo sie ihre Kinder auf dem Spielplatz mit Kohlrabi und Dinkelcrackern mästen, füttere ich den Sohn stets demonstrativ mit Pomm-Döner. Wenn die anderen Kinder uns mit großen Augen ansehen, ahne ich, wie sich Jesus gefühlt haben muss.

Vorhin habe ich ein verwirrendes Gespräch geführt:

Fremdes Kind (circa vier Jahre alt): »Hallo! Ich bin Malte, ich habe Kekse. Magst du mitkommen?«

Ich: »Läuft das in den Nachrichten nicht immer andersrum?«

Er: »Was meinst du?«

Ich: »Ach, egal.«

5

Dortmund, Spielplatz. Ein Junge (circa zwei Jahre alt) geht im Sandkasten zu einem kleinen Mädchen, schaut es verwirrt an und gibt ihm irgendwann einen Kuss auf die Nase.

Mutter: »Entschuldigung, können Sie Ihrem Kind mal sagen, dass es hier nicht ungefragt andere Kinder küssen darf?!«

Vater (kopfschüttelnd): »Ja, soll er ihr jetzt erstmal 'n Bier ausgeben oder wat?«

Ach, immer wieder lustig hier.

6

Faszinierend, wie junge Eltern über ihre Kinder den sozialen Status nach außen kommunizieren.

Frau 1: »Malte, leg das weg. Du weißt doch, dass wir keinen Weizen essen.«

Frau 2: »Jonathan, denk daran, dass morgen die Klavierlehrerin kommt.«

Ich: »Sauron, vergiss nicht, dass du morgen wieder in die Fabrik musst.«

Skeptische Blicke der anderen Eltern. Ich mag das.

Hier auf dem Spielplatz bin ich der einzige Mensch ohne Fjällräven-Rucksack oder Accessoires aus dem Naturshop. Deshalb habe ich mir soeben die Filzjacke einer jungen Mutter ausgeliehen und reibe mich seitdem willkürlich an fremden Menschen.

»Junger Mann, was machen Sie da?«
»Ich bin vom Zoll.«
»Häh?«
»Na, ich muss Sie doch filzen.«

Mein Humor – ausbaufähig.

Im Sandkasten werden derweil riesige Burgen, Tempel und ornamentale Paläste gebaut. Mein Sohn ist aber eher Realist. Seine Sandbauten sehen nach solidem 70er-Jahre-Plattenbau aus. Man kriegt den Jungen aus dem Ghetto, aber das Ghetto nicht aus ihm.

7

Ein Spielplatz im Stadtpark. Ungefähr zehn Kinder toben auf einer Wiese.

Eine Mutter ruft: »Noah, komm. Wir müssen los.«
Alle Kinder kommen. Noah – der Leon unter den Josephs!

Einige Meter weiter spielen die Kinder Superheld.

Kleiner Junge (circa acht Jahre alt) schreiend: »Ich bin Batman! Ich bin Batman!«

Mädchen (circa zehn Jahre alt): »Ich bin Hannah Arendt! Ich bin Hannah Arendt!«

Dieses Akademikerviertel macht mich fertig.

8

Letzter Tag auf dem Spielplatz. Ein kleiner Junge, ich schätze ihn auf circa vier Jahre, kommt mit einem Förmchen voller Sand auf mich zu.

Er: »Willst du mal probieren?«
Ich: »Oh, wie lecker, ein Kuchen!«

Ein anderer Junge (circa sieben Jahre) kommt leicht hysterisch auf mich zugerannt: »Essen Sie das nicht! Das ist Sand. Mich hat er auch schon verarscht.«

Das nenne ich Zivilcourage. Alle anderen hätten weggeschaut oder hämisch gelacht.

Ich liebe Menschen

Eine U-Bahn-Fahrt, ich bin auf dem Weg nach Hause. Kurz vor der letzten Station lausche ich zufällig dem Gespräch zweier junger Frauen und schnappe einen seltsamen Gesprächsfetzen auf.

Frau 1: »Bei uns im Büro sind alle richtig lustig drauf. Manchmal schicken wir uns witzige Bildchen über WhatsApp oder sprechen in dieser komischen Vong-Sprache.«

Frau 2: »Ja, bei uns auch. Gestern hat mir 'ne Kollegin einen Zettel auf die Tasse geklebt. *I bims dein Kaffee*, stand da drauf. Macht einfach Spaß mit den Mädels.«

Das nennt ihr »lustig drauf sein«, denke ich nur. In meinen Augen seid ihr Ulknudeln regelrechte Crazy Motherfucker. Ich wäre ja längst gestorben vor lauter Fun.

Mir ist durchaus bewusst, dass der Satz »Ich hasse Menschen« mittlerweile zu einer stumpfen Floskel verkommen ist, aber bei mir kommt er noch aufrichtig von Herzen. Vielleicht ist es eine heimliche Angst, die mir innewohnt. Die Angst vor ebensolchem Büro-Humor. Die Angst, dass man irgendwann anfängt, ständig tränenlachende Smileys an seine Nachrichten zu hängen, obwohl man beim Schreiben eigentlich kurz davor ist, sich die Kugel zu geben. Vielleicht ist es die Angst, wie *sie* zu werden: wie Volker und Kerstin. Sie sind eine Metapher für jeden von uns. Kesse Strähnchen, zunehmende

Schrulligkeit, das aufrichtige Lachen bei einem Hörbuch von Eckart von Hirschhausen und der Satz: »Heute haben die Jungs und ich mal wieder fetzig abgerockt.«

Ja, ich habe Angst. Ich habe große Angst davor, schrullig zu werden. Das kann so schnell passieren. Gerade waren sie noch mit einer Schweinemaske vorm Gesicht auf einer Raveparty im Berghain und schon am nächsten Morgen sammeln sie irgendwelche Zinnfiguren oder WMF-Küchenprodukte.
Kleine Anekdote am Rande: Eine gute Bekannte sagte damals ausdrücklich, sie wünsche sich zum Geburtstag »irgendwas Schönes von Leonardo«. Nur ungern würde ich jemals ihren Blick vergessen, als sie ihren brandneuen Turtles-Rucksack auspackte. Aber gut, andere Geschichte.

Ich weiß, jeder Jeck ist anders oder – um es mit Platon zu sagen – Geschmack ist Geschmackssache. Aber dieselben Menschen, die sich früher Acrylbilder mit Pasta- oder Cappuccino-Motiven in die Küche gehängt haben, genau diese Menschen haben jetzt gebeizte Landhausmöbel in ihren Citywohnungen und Poster mit Aufschriften wie *Live, Love, Laugh* an den Wänden. Diese Nudelbilder waren aber auch überall. Wahrscheinlich, damit auch der letzte Vollpfosten checkt, dass er da in der Küche und nicht in der Besenkammer gelandet ist, frei nach dem Motto: »Was wollte ich denn nochmal hier?« Blick aufs Bild. »Ach ja, Nudeln! Küche! Kochen! Bämmm!«

Ich weiß: Toleranz fängt im Kleinen an, aber manchmal ist es wirklich schwer. Das Gespräch der beiden Damen in der U-Bahn geht weiter: »Vong Gefühl her müssen wir jetzt aussteigen.« Ich stehe auf und ~~töte alle~~ steige aus. Dieser Sparkassenhumor macht mich fertig. Vielleicht sollte ich einfach weniger U-Bahn fahren. Die Kombination aus Menschenhass und öffentlichem Nahverkehr erweist sich für mich zunehmend als recht schwierig. Als hätte Batman Angst vor Fledermäusen.

Aber es ist ja so leicht, andere zu kritisieren. »Oh, ich bin so individuell und verabscheue den gesellschaftlichen Mainstream.« So will man ja auch nicht enden. Vielleicht hilft nur die bedingungslose Anpassung, denke ich und öffne die Tür zu unserer Wohnung. »Hallo, i bims«, begrüße ich meine Frau. Sie wirkt kurz verwirrt, dann verfinstert sich ihre Miene. »Wenn du noch einmal so sprichst, hau ich dir eine rein.«
Dafür liebe ich diese Frau. Jedwede Anbiederung an Jugendkulturen wird durch subtile Androhung von Gewalt im Keim erstickt. »Danke«, sage ich, »ich liebe dich.«

»Misanthropen sind nur enttäuschte Philanthropen«, sagte einst ein weiser Mann. Vielleicht ist das wahr. Vielleicht auch nicht. Denn weise Männer sagen sehr viel, wenn der Tag lang ist.
»Hast du Hunger?«, fragt die Frau. »Ein bisschen«, sage ich, während ich auf das Pasta-Bild in der Küche schaue. »Nudeln wären jetzt gut.«

Im Herzen des Ruhrgebiets

1

Essen, Einkaufszentrum.

Zwei junge Mädchen (circa 16 Jahre) stehen mit ihren Primark-Tüten vor der Parfümerie und unterhalten sich, als zwei Jungs (circa 14 Jahre) an ihnen vorbeilaufen. Das Mädchen zu ihrer Freundin: »Boah! Scheiß Jugendliche.«

2

Duisburg, Marxloh. Ich warte auf einen Freund, bin aber viel zu früh dran. Ein Mann kommt vorbei.

Ich: »Entschuldigung, gibt es hier irgendwo ein nettes Café?«
Mann: »Hömma! Hab ich hier etwa 'n Baguette unterm Arm? Wir sind hier nicht in Paris, Kollege.«
Ich: »Aha.«
Mann: »Aber da drüben ist 'ne Tanke.«
Ich: »Vielen Dank.«
Mann: »Avec plaisir, Monsieur.«

Tja, jetzt steh ich mit meiner dösigen Baskenmütze in der Shell-Tankstelle. Auch schön.

Eine McDonalds-Filiale in Witten. Vor mir in der Schlange zwei Eltern mit ihrem circa fünfjährigen Kind. Das Kind betrachtet die Menütafel und beginnt zu frohlocken.

Kind: »Jaaaaaaa! Die haben hier Äpfel!«

Vater (zu seiner Frau): »Manchmal hasse ich unsere Akademikerfamilie.«

Von hinten nähert sich ein dicker Mann und reicht dem Kind unaufgefordert einen Cheeseburger.

Mann: »Hier! Und jetzt fang mal an zu leben.«

4

Dortmunder Stadion, vor der Bratwurstbude.

Mann: »Guten Tag. Haben Sie auch etwas anderes als Bratwurst?«

Verkäufer: »Wenn Sie ein paar Minütchen haben, kann ich Ihnen ein paar feine Burritos anbieten.«

Mann: »Das ist hervorragend.«

5 Minuten später

Mann: »Darf ich kurz fragen, wie lange die Burritos noch brauchen?«

Verkäufer: »Das war ein Scherz. Sieht das hier aus wie ein verkackter Food-Truck?«

Mann: »Dann hätte ich gern 'ne Bratwurst.«

Verkäufer: »Warum nicht gleich so, Pappnase?«

5

Ich sitze mit dem geschätzten Kollegen Jochen Malmsheimer nach einer Lesung in einer Münchner Kneipe. Am Nebentisch unterhalten sich zwei Damen über verschiedene Karnevalkulturen. Irgendwann wenden sie sich zu uns.

Frau 1: »In Köln sagen sie an Karneval ›Alaaf‹ und in Düsseldorf ›Helau‹.«
Frau 2: »Was sagt ihr denn bei euch im Ruhrgebiet?«
Jochen: »Halt die Fresse.«

6

Gesprächsfetzen in der Dortmunder U-Bahn.

Typ: »Fühlt sich jedenfalls komisch an, plötzlich Eigentümer zu sein. So erwachsen irgendwie.«
Sein Kumpel: »Ich kenn das. Hab gestern erst Nudeln gekauft.«

7

Marl, Fußgängerzone.

Straßenmusikant: »Das Leben ist schön! Das Leben ist schön!«
Betrunkener: »Wir werden alle sterben!«

Welch hoffnungsloser Optimist.

8

Dortmund, ein Mann betritt die Gyrosbude.

Kunde: »Tach! Einmal 'ne Pommes mit ohne gar nix.«
Mann: »Mit was?«
Kunde: »Ja gar nix halt.«
Mann: »Also möchte der Herr nur eine Pommes?«
Kunde: »Hömma! Bist du Goethe, oder wat?«

Ach, es ist einfach viel zu schön hier.

9

Gelsenkirchen, Zoo.

Kind: »Papa, ich habe Hunger.«
Vater (kramt in seiner Tasche): »Salami oder Leberwurst?«
Kind: »Ich mag jetzt kein Brötchen.«
Vater: »Von Brötchen war nie die Rede.«

10

Ein Mann und eine Frau stehen draußen vor der Tür eines Recklinghausener Restaurants und rauchen.

Er: »Hihi, und warum esst ihr Veganer diese simulierten Soja-Schnitzel, wenn ihr echtes Fleisch doch angeblich so verabscheut?«
Sie: »Weil's schmeckt, du Spacken.«

Resigniert zieht der Mann an seiner E-Zigarette und verschwindet.

Hach, Menschen.

PS: Und ja, er hat wirklich »Hihi« gesagt. Völlig überzeugt von der Klugheit seines originellen Gedankens, hat er seiner feisten Provokation ein triumphierendes »Hihi« vorangeschoben.

11

Bochum, U-Bahn. Ein Gespräch zwischen zwei jungen Frauen.

»Was heißt Fledermaus auf Englisch?«
»Bat. B-A-T.«
»So wie Batman?«
»Ja.«
»Witzig. Dann könnte es ja auch Fledermausmann heißen.«
»Heißt es ja auch.«
»Ach, das macht doch gar keinen Sinn.«

12

Weihnachtsmarkt in Dortmund. Eine junge Mutter steht mit ihrem Kind vor dem Süßigkeitenstand.

Kind: »Kuck mal! Lakritzstangen.«

Mutter: »1,50 Euro. Zu teuer.«

Kind: »Wenn man vier Stück für fünf Euro nimmt, spart man ein bisschen.«

Mutter: »Ja. Das ist ...« *(rechnet circa 20 Sekunden)* »... ein bisschen billiger.«

13

In einem Dortmunder Supermarkt steht eine betagte Dame (circa achtzig Jahre alt) in der Obstabteilung und klopft prüfend auf sämtliche Wassermelonen.

Ihr Mann duckt sich, versteckt sich hinter ihr und flüstert mit verstellter Stimme:

»Hallo? Ist da jemand? Bitte holen Sie mich hier raus!«

Frau (erschrocken): »Günter, da ist jemand drin.«

Mann: »Ich glaube, langsam wirst du senil.«

Liebe im Alter muss schön sein.

14

Ein Gespräch zwischen zwei Männern an der Trinkbude.

»Zu viel denken ist immer scheiße.«

»Hmm.«

»Ich sach ja immer – erst machen, dann denken.«

»Hmm.«

»Es heißt ja nachdenken.«

»Hmm.«

»Und nach ist meist immer zu spät.«

Ich glaube, ich habe gerade den reinkarnierten Immanu-
el Kant getroffen.

Viva la RevoLutzion

08:00 Uhr. Ich stehe am Bahnhofsparkplatz und warte. Ich möchte diesen Ort hier nicht schlechtreden, aber wären sie auch nur einmal in ihrem Leben am Dortmunder Hauptbahnhof gewesen, hätten die Macher von *The Walking Dead* eine Menge Budget einsparen können. Hier findet sich ein einziges Konglomerat von lebenden Toten, die weder einen Fahrkartenautomaten noch ihr eigenes Leben bedienen können. Vor mir steht eine Frau mit zwei Hundeleinen in den Händen – rechts ein Labrador, links ihr Sohn. Alles wie immer, denke ich und lächle den Jungen mitleidig an. Er freut sich und bellt. Daneben steht ein Mann, trinkt Dosenbier und rülpst. Seine Frau: »Dat kannste lauter.« Er kann. Sie lächelt. Beide küssen sich. Das ist so romantisch, ich könnte kotzen. Alle sind völlig ergriffen. Passanten liegen sich in den Armen und weinen. Hin und wieder wird hemmungslos geknutscht. Ein einziges Fest der Liebe. Man muss das Ruhrgebiet einfach mögen.

Wenige Minuten später hat sich die lustige Reisegesellschaft eingefunden und quetscht sich mitsamt Gepäck in meinen Wagen. Das Prinzip Mitfahrgelegenheit stand in meiner Liste von Dingen, die ich schon immer mal machen wollte, eigentlich immer kurz hinter Oktoberfest und Arm abhacken. Ich weiß auch nicht, was passiert ist, aber heute morgen bin ich aufgewacht und dachte: Fremde Menschen! Voll Bock! Die Strecke Dortmund–Hamburg. Wird schon schiefgehen.

Ich fahre los. Nach anfänglichem Schweigen machen wir kurz vor der Autobahnauffahrt eine kleine Vorstellungsrunde. Weil ich das nicht anders kenne, habe ich extra einen Knäuel Wolle mitgebracht, den wir uns gegenseitig zuwerfen müssen, was hier im Auto ein wenig lächerlich aussieht. Als Erstes bin ich dran. Weil ich selbst nicht so gerne spreche, halte ich eine kurze PowerPoint-Präsentation mit den Highlights meines bisherigen Lebens. Falls wer fragt: Mein Name ist Fürchtegott von Flammenfels, beruflich bin ich Privatier und wohne in einem goldenen Wasserturm.

Nach wenigen Sekunden ist Silke dran. Silke ist Freelancer und arbeitet als Grafikdesignerin. Ich mag Silke. Um mich einzuschmeicheln, denke ich mir lustige Witze über Grafikdesigner aus. »Hey Silke, ich glaube, viele Grafikdesigner leider an Burn-out, weil sie mit dem Druck nicht klarkommen.« Silke lacht nicht. »Hey!«, sage ich. »Druck. Hallo! Dru-uck.« Silke lacht immer noch nicht. Ich hasse Silke und beschließe, sie an der nächsten Raststätte auszusetzen. Soll die dumme Gans sich doch nach Hause freelancen.

Dann ist Dirk an der Reihe. Dirk wohnt in Kiel, arbeitet aber hauptberuflich als Zumbatrainer in Hamburg. Was ich als findiger Privatdetektiv natürlich sofort erahnt habe, denn es gibt Indizien.

1. Dirk trägt ein T-Shirt mit der Aufschrift: Zumba! Zumba! Tätärä!
2. Bei Facebook steht, dass er als Zumbatrainer in Hamburg arbeitet.

Kratzt mich, beißt mich, nennt mich Sherlock.

Als Letztes ist Lutz an der Reihe. Lutz ist Leibwächter. Was man ihm auch ansieht, denn er ist eine ziemliche Kante und blickt garstig drein. Ich mag Lutz. Um ihn zu beeindrucken, denke ich mir Wortspiele mit dem Namen Lutz aus, was einfach ist, schließlich ist er als Leibwächter quasi eine Art Schutz-Lutz. »Hey! Wärst du Türsteher und hättest deinen eigenen Laden, könntest du ihn Lutz-schutzbunker nennen.« Lutz lacht nicht. »Wärst du bereit, für mich zu arbeiten? Ich suche noch eine billige Lutzkraft.« Lutz lacht noch immer nicht. Ich glaube, ich hasse Lutz. »Stell dir mal vor, du hättest einen Golfschläger in der Hand … Na, kommst du selbst drauf. Ich sag nur: Tiger Lutz!« Jetzt lacht Lutz. Ich liebe Lutz.

»Du hast gewonnen«, sagt er. »Aber reize es nicht aus.«

»Keine Sorge, sage ich – ohne dich wäre die Reise doch vollkommen lutzlos.« Lutz hält Wort und haut mir eine rein. Ich streife die Leitplanke, komme ins Schleudern, kann die Situation aber irgendwie retten. Das ist fast wie bei *Cobra 11* hier.

Nach einigen Kilometern ist Stille eingekehrt. Ich sehe in den Rückspiegel. Dirk und Silke knutschen. Erst nicht über meine Grafik-Witze lachen und jetzt noch mit diesem dämlichen Sunnyboy rummachen.

Lutz sitzt neben mir und ich habe ein bisschen Angst, dass er auch knutschen will. Er sagt: »Schön, dass Sie sich als Privatier nicht zu fein sind, andere Leute mitzunehmen.«

»Ach, ich bin immer ein Mann des Volkes gewesen. Für manche sind einfache Leute wie ihr nichts als gesellschaftlicher ~~Lutz~~ Schmutz. Aber für mich seid ihr in erster Linie immer Menschen gewesen.«

»Hach, Fürchtegott. Sie sind ein feiner Kerl.«

Lutz macht das Radio lauter: »Hey, dieser neue Song von Mark Forster. Geil, oder?«

»Klasse«, sage ich, »ich kenn übrigens einen guten Lifehack. Wenn man Songs von Mark Forster rückwärts und in doppelter Geschwindigkeit abspielt, klingen sie immer noch scheiße, sind aber deutlich schneller vorbei.« Ich würde mich gerne mehr über deutschsprachige Popmusik aufregen, aber ich bin doch keine Maschine.

Just in diesem Moment öffnet Lutz seinen Rucksack und packt seinen Proviant aus. Zum Vorschein kommen (in alphabetischer Reihenfolge): ein Brötchen mit Fleischwurst, ein Brötchen mit Frikadelle, ein Brötchen mit Leberkäse und ein Brötchen mit Schweinemett. Der gute Mann scheint ein Freund der ausgewogenen Ernährung zu sein. Ich sehe Lutz kritisch an.

»Massephase«, sagt er.

»Boah! Sorry, das geht gar nicht«, sagt Dirk von der Rückbank.

»Veganer?«, fragt Lutz.

»Nein, Mensch mit Nase«, antwortet Dirk.

»Ach, Dirk«, schalte ich mich ein. »Was ich dir vorhin schon sagen wollte: Was singt der Zumbatrainer am Lagerfeuer?«

»Wonderwall?«

»Nee. Zumba Ja, my Lord.«

Niemand lacht. Langsam merke ich, wie die zwischenmenschliche Ebene hier im Auto zu einem tiefen Abgrund verkommt. Meine anfängliche Motivation ist inzwischen vollkommen verschwunden.

Um die Situation aufzulockern, mache ich eine Vollbremsung und schmeiße Silke raus. Gift für mein Karma, aber die Stimmung kocht.

»Hey, das ist total sexistisch«, sagt Dirk, der inzwischen an einem komischen Metallkasten pafft, was die Tatsache erklärt, dass ich seit zwei Minuten nichts mehr sehe und das Auto von innen aussieht wie eine finnische Dampfsauna.

»Was rauchst du da?«

»E-Zigarette.«

»Okay, du musst auch raus.«

»Aber hier ist gar keine Raststätte. Wir stehen mitten auf der Fahrbahn.«

»Tja. Glück am Dampfkasten, Pech in der Mobilität.«

»Arsch.«

»Kannst ja Rauchzeichen geben.«

Lutz und ich sind nun alleine. Ein Gefühl zwischen Angst und Romantik macht sich in mir breit. »Ich könnte dich auch rausschmeißen«, sagt Lutz von der Seite.

»Wieso solltest du das tun?«

»Na ja, dann wäre das ein reines Lutzfahrzeug.«

Jetzt hat es Lutz also auch auf die dunkle Seite gezogen, denke ich im Stillen. Wurde aber auch höchste Zeit.

»Hey, wenn hier einer schlechte Witze macht, bin ich das.«

»Ach, komm. Du willst es doch auch.«

Inzwischen stehen wir im Stau. Nichts geht mehr. Vollkommener Stillstand. Im Wagen vor uns hat sich ein kleiner Junge zu uns umgedreht, um mit mir das Kuckuck-

Das ist eine Fahrgemeinschaft. Male einen Lutz.

Spiel zu spielen: Hand vors Gesicht. Kurz warten. Kuckuck! Und immer so weiter. Das Traurige: Mir scheint es mehr Spaß zu machen als ihm. Nach einer gefühlten Stunde Kuckuck-Spiel formt der Kleine mit der Hand plötzlich eine Pistole und erschießt mich. Ich bin verwirrt und kontere mit der klassischen Ich-schlitz-dir-den-Hals-auf-und-nehm-deinen-Kopf-als-Blumenvase-Geste. Das Gute: 1:1. Das Schlechte: Genau in dem Moment dreht sich seine Mutter zu mir um. Peinlich. Das war jetzt vielleicht keine besonders souveräne Reaktion für einen erwachsenen Mann. Was soll ich jetzt sagen, falls sie aussteigt, um ihren Sohn in Schutz zu nehmen? Er hat angefangen? Ich sollte dringend an mir arbeiten.

Zu allem Überfluss ist durch das lange Stehen die Klimaanlage ausgefallen. Mittagshitze, im Auto sind geschmeidige 34 Grad. Ich überlege, spontan ein Kleingewerbe zu gründen und hier im Wagen kleinere Goldschmiedearbeiten durchzuführen. »Ich glaube, wir werden sterben«, sage ich.
»Ach, komm«, sagt Lutz, »kann doch noch lutzig werden.«
»Boah! Jetzt hör auf mit diesen Kack-Wortspielen«, sage ich.

»Kuck mal!« Lutz wirkt überrascht. »Kennst du die?«
Durch die Seitenscheibe sehe ich, wie Silke und Dirk uns aus einem Reisebus zuwinken. »Anscheinend haben sie Obdach gefunden. Glücklich sehen sie aus.«
»Kann sein.«
»Aber weißt du«, sagt Lutz, »lieber mit dir bei sengender Hitze und schlechten Wortwitzen im Stau stehen, als

auch nur einmal im Leben Flixbus fahren. Man kann mir viel nehmen, aber nicht meine Würde.«

»Du bist ein Guter«, sage ich.

»Darf ich dich küssen?«, fragt Lutz.

»Betrachten wir es als Experiment. Aber denk an die Drei-Sekunden-Regel.«

»Was ist die Drei-Sekunden-Regel?«

»Der Kuss muss nach drei Sekunden beendet sein, um ihn als Experiment zweier aufgeschlossener junger Männer zu rechtfertigen. Alles darüber hinaus wäre ein bisschen schwul.«

»Macht Sinn«, sagt Lutz.

»Ergibt Sinn«, verbessere ich.

»Halt die Fresse, Klugscheißer.«

Und just in diesem Moment, kurz bevor unsere Lippen sich treffen, lässt Lutz einen riesigen Rülpser über die Welt donnern. »Sorry«, sagt er.

»Dat kannste lauter«, antworte ich und zeige auf die Beifahrertür. »Und jetzt raus hier, du kleiner Lutzfink.«

Arial, die Meerjungfrau *oder* Meine zehn schlechtesten Typografie-Witze

- »Kann jemand mal endlich diesen verdammten Grafikdesigner holen?« – »Guten Tag. Serifen nach mir?«
- Name für eine rechtskursive Schriftart? Font National.
- »Ich glaub, ich habe einen grippalen Impact.« – »Na, dann Courier dich mal aus.«
- Viele Grafikdesigner sind enttäuscht, weil sie auch von guten Freunden zum Geburtstag oft nur ein Tortendiagramm bekommen.
- Der ranghöchste Butler eines reichen Grafikers ist beleidigt. Ich schätze, er hat Stress mit DIN A2.
- In seinen Photoshop-Kompetenzen hat uns der neue Grafiker auf vielen Ebenen enttäuscht.
- Der Web-Designer ist erkältet. Wahrscheinlich hat er gestern wieder ein neues Fenster aufgemacht.
- Den Zeilensprung hat sie ihm nie verziehen. Anscheinend war die Beziehung nicht reif für neue Umbrüche.

- SO, JETZT REICHT ES ABER AUCH. VON DEN GANZEN GROSSBUCHSTABEN BEKOMME ICH MORGEN EINEN TIERISCHEN MAJUSKELKATER!

Patricks Ratgeberecke Teil 1 –
Mehr Erfolg im Büro

1

Verwirren Sie Ihre Kollegen. Genießen Sie die Angst in den Augen Ihrer Schreibtischnachbarn, wenn Sie eingehende Telefonate mit den folgenden Worten beenden:

1. »Wir müssen tun, was wir tun müssen. Eliminieren Sie diese Person.«
2. »Wir haben keine Wahl. Aber lassen Sie es wie einen Unfall aussehen.«

Genießen Sie anschließend Ihr neues Image als Autoritätsperson.

2

Stehen Sie für Ihren Arbeitgeber ein. Halten Sie in Ihrer Freizeit vom Balkon aus Reden ans Volk und lobpreisen Sie Ihren Arbeitgeber: »Ich liebe meine Firma. Ohne euch wäre ich nichts. Es lebe der Konzern!« Falls man Sie danach einweisen will, bleiben Sie standhaft.

3

Die Sprossen einer Karriereleiter sind schmal und rutschig, aber hadern Sie nicht. Glauben Sie an sich und Ihre rhetorischen Fähigkeiten. Haben Sie außerdem Selbstvertrauen. Setzen Sie sich in der Kantine einfach mal neben Ihren Chef und sagen Sie Dinge wie: »Das kommt für uns alle überraschend, aber ab morgen übernehme ich hier den Laden.«

Falls man Sie danach entlassen will, entschuldigen Sie sich bei Ihrem Chef. Fordern Sie eine freiwillige Gehaltssenkung. Schmeicheln Sie Ihrem Vorgesetzten mit Sätzen wie diesem: »In der Metzgerei der Kompetenz sind Sie meine Bärchenwurst.« Bleiben Sie dabei immer glaubwürdig.

4

Wenn Sie sich die Namen Ihrer Kollegen nicht merken können, nennen Sie sie einfach Ulf. Ulf ist kurz, eingängig und geschlechtsneutral. Nutzen Sie den Namen wahlweise in arbeitsbeschreibender Form: Finanz-Ulf, Logistik-Ulf oder Qualitäts-Ulf. Wenn alle mitmachen, ist es irgendwann nicht mehr peinlich.

5

Jeder hat mal einen schlechten Tag. Ich habe zum Beispiel einmal sehr früh morgens, noch vor dem ersten Kaffee, eine Geschichte geschrieben und dabei sehr intensiv darüber nachgedacht, ob es eine Bezeichnung dafür gibt, wenn man sich für sich selbst fremdschämt. Nach zwei Stunden fiel mir ein: »Ach ja, das Wort heißt schämen!«

Lassen Sie sich davon nicht beirren. Gleichen Sie Ihre mangelnde Kompetenz durch Höflichkeit aus, gerne auch bei Ihren Kollegen: »Mensch! Jutta, das ist aber eine kesse Kurzhaarfrisur. Und diese bunten Strähnchen. Richtig frech! Ich wusste gar nicht, dass du so eine kesse Summse bist.«

6

Verlieren Sie nie den Kontakt zu Ihren Kunden. Besuchen Sie andere Unternehmen dieser Republik und schütteln Sie den Leuten gönnerisch die Hände: »Toll, wie Sie das machen. Einfach großartig.«

Umarmen Sie die Menschen und ermutigen Sie sie: »Ihre Arbeit ist so wichtig für uns einfache Leute da draußen. Weiter so!«

7

Seien Sie kreativ. Denken Sie außerhalb der gewohnten Strukturen. Löschen Sie zum Beispiel die Excel-Programme in der Buchhaltung. Verwenden Sie stattdessen ClipArt und Paint. Machen Sie auf sich aufmerksam. Erscheinen Sie im Meeting angemessen mit Latzhose und Propellerhut, überraschen Sie bei Ihrer PowerPoint-Präsentation mit außergewöhnlichen Einblicken in Ihr Privatleben und zeigen Sie zwischen den Jahresbilanzen immer mal wieder ein paar süße Kinder- und Katzenfotos. Das lässt Sie menschlich wirken.

8

Üben Sie sich in Achtsamkeit. Das Leben ist ein einziges Must-win-Battle, aber behalten Sie Ihre Work-Life-Balance im Blick. Auch in unserer zunehmenden Leistungsgesellschaft, in der ein verlängertes Wochenende im Harz bereits als Sabbatical gilt, müssen Sie sich Ihre Auszeiten nehmen. Basteln Sie, malen Sie aus, meditieren Sie. Perfekt geeignet dafür sind zum Beispiel Meetings und Telefonkonferenzen – Telko, wie der erfahrene Bürohengst sagt. Nehmen Sie zu Regenerationszwecken einfach vorher ein Tonband mit folgenden Sätzen auf:

1. »Hmm. Hmm ...«
2. »Guter Punkt. Ich bin da ganz bei Ihnen.«
3. »Wichtig ist, dass wir jetzt alle an einem Strang ziehen.«
4. »Das sollten wir vielleicht noch einmal schriftlich per Mail festhalten. Setzen Sie mich einfach ins cc.«

Ein Anwendungsbeispiel:

Vorstand: »Guten Tag in die Runde. Geht es Ihnen gut?«
Sie: »Guter Punkt. Daran sollten wir festhalten.«
Er: »Kommen wir zum Punkt. Die Jahresbilanz sollte uns alle aufwecken.«
Sie: »Hmm, Hmm ...«

Er: »Salmen, sind Sie auf Koks?«

Sie: »Guter Punkt. Ich bin da ganz bei Ihnen.«

Person 1: »Sind wir denn eigentlich vollzählig oder fehlt hier noch jemand?«

Person 2: »Ich glaube, Marketing-Ulf hat Durchfall und ist gerade kacken.«

Sie: »Das sollten wir vielleicht noch einmal schriftlich per Mail festhalten. Setzen Sie mich einfach ins cc.«

Aber keine Angst, mit der Zeit werden Sie ein Gespür für die richtige Reihenfolge entwickeln.

9

Nehmen Sie Ihre Arbeit nicht mit nach Hause. Sollte Ihr Partner Sie zum Geschlechtsakt auffordern, vermeiden Sie Antworten wie: »Ich denke, wir müssen hier nachhaltig und strategisch denken. Ich würde da gerne erstmal ein kleines Brainstorming auf dem Flipchart erstellen. Einverstanden, Sybille?«

Vermeiden Sie Flipcharts im Allgemeinen. Sollten Sie verheiratet sein und Kinder haben, nennen Sie Ihren Liebsten bitte nicht Vertragspartner und Ihre Kinder nicht Endverbraucher. Erstellen Sie zudem bei der Wochenendplanung grundsätzlich keine Mindmaps.

Für die Kollegen aus der Personalabteilung: Bitte verzichten Sie im Sexleben auf Evaluierungsgespräche. »Also Jochen, im Ansatz war das schon ganz gut. Insgesamt gut reingekommen und leicht gesteigert, aber dann im weiteren Verlauf ein wenig nachgelassen und zum Ende hin etwas überhastet.«

Für die Kollegen vom Marketing: Ihr Büro-Kauderwelsch möchte im Schlafzimmer keiner hören. Vermeiden Sie beim Sex Ausdrücke wie »Penetration Up«. Sagen sie auch nicht: »Oh, Uschi. Wenn ich deine Click Rates sehe, geht meine SPS-Leistung nach oben.«

10

Denken Sie immer an Folgendes: Wenn man beim Wort »Arbeit« zwei Buchstaben streicht und 16 neue hinzufügt, ergibt das den Begriff »Selbstverwirklichung«. Und das kann nun wirklich kein Zufall sein.

Niemand stirbt

Vor einigen Tagen erreichte mich die Kritik, viele Geschichten aus meinen Büchern seien nur ausgedacht, ich hätte das »doch hundertprozentig nicht exakt so erlebt«. Da fühle ich mich natürlich ertappt. Skandal! Da ist wohl die Fantasie mit mir durchgegangen. Jetzt stelle ich mir natürlich vor, wie es wäre, wenn Buchautoren oder Drehbuchschreiber ausschließlich realistische und absolut glaubwürdige Geschichten verfasst hätten. Was für spannende Meisterwerke hätten uns wohl erwartet?

BREAKING BAD: Ein erkrankter Chemielehrer engagiert sich ehrenamtlich an einer Wuppertaler Gesamtschule als Vertrauenslehrer. Eigentlich wollte er Crystal Meth herstellen, das war ihm dann aber doch zu krass.

GAME OF THRONES: Jahrzehntelang regiert ein und derselbe König. Alle respektieren das. Niemand stirbt.

DIE UNENDLICHE GESCHICHTE: Ein Junge liest ein Buch. Leider hat er keine Fantasie und findet es arschlangweilig. Deshalb nimmt er stattdessen Drogen.

ZURÜCK IN DIE ZUKUNFT: Ein Mann möchte einen Apparat erfinden, um in die Zukunft zu reisen. Natürlich widerspricht das allen Gesetzen der Logik und klappt nicht. Vor lauter Selbsthass erfindet er stattdessen Selfiesticks und Fidget Spinner.

JURASSIC PARK: Irgendwelche normalen Leute gehen in den Zoo, stehen dort mit Spiegelreflexkamera vorm Schimpansen-Käfig und essen Löffelbiskuits. Erneut stirbt niemand. Schade.

HARRY POTTER: Ein Waisenjunge wird von seinen Adoptiveltern verachtet und muss unter der Treppe leben. Doch ein Lehrer in einer Wuppertaler Gesamtschule erkennt sein Potenzial, und der Junge holt die Mittlere Reife nach. Einfach klasse!

SPEED: Ein Bus fährt mit dreißig km/h durch Gelsenkirchen. Alle haben Bock.

THE WALKING DEAD: Vollkommen gesunde Menschen irren verwirrt durch die Gegend und knabbern Erdnussflips.

Die Bio-Kiste

Donnerstag, 12 Uhr. Draußen vor dem Haus hält ein Lieferwagen und bringt den Nachbarn ihre wöchentlichen Bio-Kisten. Ich stelle mir vor, wie glücklich sie jetzt alle sind und über das ganze Gesicht strahlen, während sie in ihr Gemüse beißen. Wie an Weihnachten werden sich die Kinder fühlen, sie werden ihre Eltern umarmen, Lieder singen und Gebete aufsagen, in denen sie dem lieben Gott für die reiche Ernte danken.

Ich kann das nicht ganz nachvollziehen, ist aber wahrscheinlich alles eine Frage der Erziehung. Mein Opa pflegte ja immer zu sagen: »Die überflüssigste Zutat von Ofengemüse ist wie ein Schlag mit der flachen Hand – passt in' Nacken.«

Ich komme aus einer klassischen Fleischfamilie. Das Wort Sonntag als Bestandteil des klassischen Kompositums Sonntagsbraten habe ich jedenfalls nie verstanden. Im Hause Salmen unterschied man lediglich zwischen Mittags-, Abend- und Nachtbraten. Frei nach dem Motto: »Was gibt's wohl heute? Dreimal dürft ihr braten.«

Wenn sich heute irgendwo in meinem Alltag ein Konflikt anbahnt, stelle ich mir stattdessen vor, ich müsste meinem Opa erklären, dass ich neuerdings Veganer sei. Plötzlich erscheint alles andere sehr einfach. Für meinen Opa wäre es wahrscheinlich kein Problem, wenn ich mich als fundamentalistischer Gotteskrieger oder Drogenbaron outen würde. Aber Verzicht auf Fleisch? »Junge, lass die Faxen. Wie soll man da überleben?«

Heimlich überkommt mich beim Anblick des Lieferwagens eine gewisse Sehnsucht. Ich möchte auch eine Bio-Kiste und überhaupt sollte ich mehr Gemüse essen und nachhaltiger leben. Traurig sehe ich aus dem Fenster und beobachte, wie der Lieferwagen just in diesem Moment von einem gigantischen Bofrost-Truck zugeparkt wird. Ich stelle mir vor, wie die Nachbarn an den Fenstern ihrer Wohnungen stehen und mit dem Finger auf den Bofrost-Mann zeigen. »Das ist der Teufel«, flüstern sie ihren Kindern zu.

Eine Stunde später stehen die Nachbarn vor meinem Fenster und beobachten mit weinenden Augen, wie ich meine halb aufgetaute Pumuckl-Torte esse. In diesem Moment fühle ich mich dann doch irgendwie glücklich. Manchmal glaube ich, ein schlechter Mensch zu sein. Das klingt lapidar, aber dieser Gedanke beschäftigt mich sehr. Vor einiger Zeit, als mein Vater und ich mal wieder meinen Opa besuchten, sah dieser uns beim Abschied tief in die Augen und sagte: »Bleibt immer brave Leute«, was ein bisschen witzig war, da Opa seine eigene Familie als irgendwelche »Leute« bezeichnete. Aber der Kern ist natürlich wichtig: Bleibt brav und anständig. Und er sagte bewusst »bleibt«, was involvierte, dass er davon ausging, wir wären es ohnehin schon immer gewesen.

Bemerkenswert ist diese Anekdote vor allem, weil ich meinen Opa bis vor zwei Wochen in dem Glauben gelassen habe, das komische Lämpchen an meiner Auto-Sonnenblende wäre ein Iris-Scanner, und er seit fünf Jahren jedes Mal beim Einsteigen in meinen Wagen seine Augen millimeternah vor die Blende hält, während ich in meiner schlechtesten Roboterstimme »Iris-Scanner aktiviert« murmele. »Bsssss. Beifahrer erkannt. Herzlich willkommen, Opa.«

Hach, ist das schön mit Opa. »Bssss« ist übrigens mein Universalgeräusch für alle technischen Vorgänge dieser Welt. 3D-Drucker, Röntgenstrahl, Faxgerät: Alles Bssss. Opa hat es mir jedenfalls verziehen. Vielleicht glaubt er wirklich an das Gute im Menschen. Es hätte auch anders kommen können. Mit 16 war ich noch Mitglied einer gefürchteten Rollergang, habe Zigarettenautomaten geplündert und Oregano an Unterstufenschüler vertickt. Eine düstere Zukunft als Kleinkrimineller drohte sich bereits abzuzeichnen. Aber so schlimm ist es zum Glück nicht gekommen. Ich bin jetzt über dreißig und habe immerhin noch keinen Menschen getötet, was man mir hoch anrechnen sollte, denn wenn man sich mal so umschaut – Potenzial wäre da. Ich würde jetzt gerne behaupten, dass mein moralischer Kodex es schlichtweg nicht zuließ, aber in Wahrheit war ich einfach zu faul.

Ich liege inzwischen vollgefuttert in meinem Bett und klicke mich durch die Film- und Serienauswahl bei *Netflix*. Das Potenzial für Gewalt steckt in jedem von uns, denke ich, und es gilt nur, es irgendwie zu unterdrücken. Ob *Dexter* oder *American Psycho* – das alles würde niemanden interessieren, wenn man sich bei diesen Serienmördern nicht heimlich denken würde: Bock hätte ich ja schon! Ich habe Frischhaltefolie und eine Kettensäge – Party! Party!

Plötzlich höre ich laute Geräusche aus dem Hof. Der Bio-Kisten- und der Bofrost-Mann sind inzwischen in eine wilde Prügelei verwickelt. Gut gegen Böse. Besser als im Film, denke ich und bin froh, dass heute endlich mal was passiert. Was würde die Streitschlichter-AG jetzt tun, frage ich mich. Vorsorglich öffne ich das Fenster und werfe ihnen meine Kettensäge hinunter. Vielleicht bin ich wirklich ein schlechter Mensch, aber auch Streitschlichter möchten belustigt werden.

Ich versuche ja auch wirklich, mich zu bessern. Ich meine, eigentlich muss ich mich für nichts schämen. Ich bin tierlieb, weltoffen, politisch links und trenne meinen Müll. Zwar alphabetisch, aber immerhin trenne ich ihn. Paprika, Petersilie, Plastik, Plutonium. Alles ein Eimer.
Hin und wieder gehe ich ins Einkaufszentrum, beschimpfe Primark-Kunden und bewerfe sie mit Erdnussflips. Ich selbst trage dabei meine guten Nike-Sneakers. Wenn schon Kinderarbeit, dann wenigstens mit Style. Außerdem sollen diese Firmen sich schon die Mühe machen, mich aufwendig zu belügen. Neun Euro für ein Paar Turnschuhe – da werde ich skeptisch. Scheiß Doppelmoral, fluche ich, während ich von den Angestellten aus dem Weltladen mit Erdnussflips beworfen werde. Scheiß Erdnussflips, denke ich und mir fällt ein, was ich mal auf einer Tüte Erdnussflips gelesen habe: Kann Spuren von Erdnüssen enthalten.

Oft versuche ich, mir meine Doppelmoral schönzureden. Mit dem Fleisch ist es ja genau dasselbe. Das kann man alles relativieren. Dabei helfen Sätze wie: »Ich kaufe mein Fleisch nicht beim Discounter, sondern immer nur

Das ist eine Food-Bloggerin. Male ihre Chia-Samen aus.

frisch vom Metzger.« Es klingt, als wäre der Metzger ein warmherziger Samariter, der die Tiere durch sanfte Worte zum Sterben überredet, sie offiziell beerdigt und dann ihre Angehörigen nach den jeweiligen Organspenderausweisen fragt.

Aber ja, natürlich ist es besser. Besser als der Discounter ist der Metzger, besser als der Metzger ist der Bio-Metzger, besser als der Bio-Metzger ist der Fair-Trade-Bio-Metzger und besser als der Fair-Trade-Bio-Metzger ist der Ich-bin-überhaupt-gar-kein-Metzger.

Was aber, wenn der Fair-Trade-Bio-Metzger heimlich Dreck am Stecken hat, während der garstige Discounter-Metzger privat voll knorke ist und sich für die Flüchtlingshilfe engagiert? Man weiß es doch nicht, denke ich und bewerfe mich selbst mit Erdnussflips. Am Ende ist alles eine Sache der Relation. Im Vergleich zu Anthony Soprano bin ich ein guter Mensch, im Vergleich zu Sankt Martin ein riesiger Penner.

Morgen ist jedenfalls Klassentreffen. Bestimmt haben sie jetzt alle ein perfektes Leben mit Altbauwohnung, Landhaus-Möbeln und Pastinaken im Kühlschrank. Ich könnte meinen alten Wu-Tang-Pullover anziehen und konstant behaupten, ich wäre Zuhälter. Das stell ich mir amüsant vor.

»Und was machst du so?«

»Ach, weißt du, gestern hab ich zwei meiner Nutten getötet. Seitdem bin ich auf der Flucht. Und du? Noch bei der Sparkasse?«

Ach, das wird schön.

Klassentreffen

Heute Abend ist Klassentreffen. Ich stehe seit einer Stunde vor dem Spiegel und übe Small Talk mittels meiner Rhetorik-Skills.

Plan A: Meine Liste abarbeiten
1. Natürliches Lächeln
2. Grundsätzliches Interesse zeigen
3. Nicht in Gesprächen einschlafen
4. Rückfragen stellen
5. Komplimente machen
6. Heitere Kalauer und Wortspiele einbauen
7. Bei Verunsicherung – beleidigen und brüllen

Beispiel:
»Hey, schön dich zu sehen. Was machst du so?«
»Ich bin Versicherungsmakler.«
»Klasse! Erzähl mir mehr davon. Wie fing alles an?«
»Nach dem Studium …«
»Sören, ich habe es dir nie gesagt, aber du bist wunderschön.«
»Danke! Also nach dem Studium …«
»Magst du auch so gerne Sören-Ingwer-Suppe?«
»Haha, brillant. Nach dem Studium jedenfalls …«
»Total spannend. Aber ich muss jetzt los.«
»Wohin denn?«
»FICK DICH HART, DU NAPF! AAAARRGGHH!«

Plan B: Betrinken

Verkannte Genies

Ich fahre mit dem Zug nach Lübeck. Neben mir sitzt ein Lehrer älteren Semesters und korrigiert Schularbeiten. Mathe, 11. Klasse, wie ich durch einen gezielten Seitenblick auf den Papierstapel vor ihm erkenne. Hin und wieder lacht er gehässig auf oder nuschelt wirre Dinge in seinen Bart.

Hier meine Top 5:

1. »Och, Jens. Dat is doch keine Herleitung.«
2. »Abgeschrieben! Ha! Erwischt.«
3. »Pappnasen. Alles Pappnasen.«
4. »Gute Güte. Wie blöd kann man sein?«
5. »Ach, die ham doch wieder alle gekifft.«

Ich glaube, ich habe ein neues Vorbild.

Um im Leben bestehen zu können – sagte mein Deutschlehrer einst –, sei es wichtiger zu wissen, was man nicht kann, als zu wissen, was man kann. Es sei denn, man kann gar nichts, dann sollte man am besten auch nichts machen. Bestechende Logik, wie ich finde.

Viele Menschen tun Dinge, die sie nicht können. Auf diesem Prinzip basiert ein ganzes Studiensystem. Ein Beispiel, um im Bild zu bleiben – angehende Lehrer:
»Ah, du studierst Lehramt. Warum?«
»Weil ich früher gern zur Schule gegangen bin.«

Das macht auf einer semantischen Ebene keinen Sinn. Ich bin ja auch kein Bademeister geworden, weil ich früher gerne schwimmen war.

»Entschuldigung, warum sind Sie Fliesenleger?«

»Na, weil ich gerne Vliesjacken trage.«

Das ist doch Kappes.

Nach Dutzenden Semestern fällt einigen dieser Lehramtsstudenten dann auf, dass sie nicht in der Lage sind, vor anderen Menschen zu reden. Manche bemerken sogar, dass sie Kinder und Jugendliche eigentlich gar nicht leiden können. Kann ich zwar verstehen, aber genau aus diesem Grund bin ich ja auch kein Lehrer geworden.

Nach zwölf Semestern ist es aber zu spät, und man will nicht noch einmal ganz von vorne anfangen, also sagt man sich: »Gut, die vierzig Jahre krieg ich schon rum. Zeit absitzen, Filme zeigen.«

Wenn ich mich jedoch an meine eigene Schulzeit zurückerinnere, waren mir die verbitterten Grummellehrer, die nur noch die restliche Zeit bis zur Rente absitzen mussten, meist wesentlich lieber als die übermotivierten Referendare, die versucht haben, sieben verschiedene Medien- und Arbeitsgruppenkombinationen in eine Stunde Unterricht zu quetschen. »Hey! Bildet doch mal einen quadratischen Stuhlkreis, formiert euch in zweiköpfige Dreiergruppen und dann schaut zu, wie ich auf einer PowerPoint-Folie willkürliche Nomen in eine Mindmap geschrieben habe, um euch auf den Sack zu gehen.«

Nein, das war nichts für mich. Am liebsten waren mir die in die Jahre gekommenen Zyniker, die ihren Berufsalltag mit einer gesunden Mischung aus Fachwissen, Verbitterung, Sarkasmus und Nächstenliebe gemeistert haben. Und ja, das passt zusammen.

Immer noch gerne erinnere ich mich an einen Lehrer, von dem ich bis heute glaube, dass er eine Art Hochstapler war. Wobei es eigentlich ziemlich abwegig ist, dass jemand das Talent des Lügens und den vorhandenen Intellekt dazu benutzt, eine beliebige Mittelstufe im Landkreis Mettmann in Mathe und Bio zu unterrichten, wenn man auch Arzt oder Psychologe hätte werden können. Bis heute bin ich jedenfalls felsenfest davon überzeugt, dass der besagte Lieblingslehrer niemals irgendeine Form von Studium oder anderweitige Qualifikation für didaktische Arbeit hinter sich gebracht hatte, aber er war einer der findigsten und sympathischsten Menschen, die ich jemals kennenlernen durfte.

Am meisten Spaß machte es, Herrn Küpper bei der Sublimation seines eigenen Scheiterns zuzusehen, nämlich dann, wenn er auf Schülerfragen und Unterrichtsinhalte keine Antwort hatte und spontan reagieren musste.

Schüler: »Herr Küpper, was ist nochmal der Satz des Pythagoras?«

Lehrer: »Wer A sagt, muss auch B sagen.«

Schüler: »Sind Sie sicher? Ich dachte …«

Lehrer: »Nein, das ist der Satz des Pythagoras. Hat er garantiert mal irgendwann gesagt. So wie die Sätze ›Guten Tag‹, ›Kuckuck, alter Räuber‹ oder ›Mach das Fenster zu. Es zieht‹.«

Und hier noch ein paar von Herrn Küppers schönsten Erklärungen:

1. Eine Tangente ist eine spezielle, dem klassischen Erpel nachempfundenen Form von Zapfsäulenvorrichtung.
2. Platons Höhlengleichnis lautet: Stalagmiten stehen. Stalagtiten hängen. Es heißt ja Hängetitten. Das darf man nicht verdrängen.
3. DNA ist die Abkürzung für Schnauze halten.

Herr Küpper war eine Bastion der Schlagfertigkeit. Auch sein Humor war einmalig. Schön war zum Beispiel die Szene, als er einmal mitten im Unterricht fragte: »Was stinkt denn hier so? Hat der Jens mal wieder den Chauffeur mitgebracht?«
Alle so: »Häh? Wat für 'n Chauffeur?«
Herr Küpper: »Na, der hat doch wieder einen fahren lassen.«

Herr Küpper war stets etwas knurrig, aber immer gerecht. Einzig folgender Spruch wurde ihm lange Zeit ein wenig übel genommen. Als er mal Vertretung im Sportunterricht machen musste und wir im Kollektiv Völkerball spielten, wurde meine muslimische Mitschülerin Aylin ungünstig getroffen und ging zu Boden. Herr Küpper sah auf ihr Kopftuch und schrie: »Stell dich nicht so an. Du hast doch 'nen Helm auf.«
Das war wenig sensibel, in dem Moment aber sehr lustig. Aylin hat damals jedenfalls Humor bewiesen, weil sie wusste, dass Herr Küpper kein Rassist war, sondern einfach nur konsequent alle Menschen in seiner Umgebung

beleidigte. Das machte ihn auf eine gewisse Art unantastbar. Und außerdem konnte er immer über sich selber lachen. Aylin hat sich dann gerächt, indem sie am nächsten Morgen vollverschleiert im Unterricht erschien und die Klasse mit einem fröhlichen »Allahu Akbar!« begrüßte.

Kann man übertrieben finden, aber wir fanden es damals angemessen. Herr Küppers Reaktion war ebenfalls legendär. Er sagte: »Faktisch gesehen hast du jetzt einen Eintrag im Klassenbuch. Rein sportlich gesehen: 1:1.« Da war er Ehrenmann.

Während ich so in Gedanken schwelge, höre ich meinen Sitznachbarn erneut vor sich hin schimpfen.
In aller Kürze: Ich ergänze meine Hitliste um einen weiteren Punkt:
»Hehe. Du Trottel!«

Ach, ich liebe diesen Mann.

Helden des Buchhandels

Immer wieder liest man vom Aussterben der klassischen Buchhandlungen. Doch auch wenn Amazon und andere Online-Shops es dem Einzelhandel schwermachen, bin ich voller Hoffnung. Denn wenn eines nicht ersetzt werden kann, dann sind es Aufrichtigkeit und ehrliche Gespräche über Literatur. In meiner Wuppertaler Heimat hatte ich einst einen Lieblingsbuchladen, in dem ein recht knurriger alter Herr arbeitete, der nicht gerade für seine anbiedernde Art bekannt war. Hier ein paar Kundendialoge, die sich in mein Gedächtnis eingebrannt haben ...

1

»Schönen guten Tag. Ich suche einen Ratgeber. Stichwort: Die neue Achtsamkeit. Haben Sie da was?«

»Da gibt es Tausende. Führe ich aber nicht.«

»Schade.«

»Ich kann Ihnen die Quintessenz gerne zusammenfassen: Handy aus, rausgehen, weniger quatschen. Atmen soll auch gut sein.«

»Aha.«

»Und noch ein Tipp: Kaufen Sie keine bescheuerten Ratgeber. Lesen Sie lieber schöne Romane.«

»Ich gehe jetzt einfach zu Amazon.«

»Ja, gehen Sie da mal hin. Allerdings machen die in zwanzig Minuten zu.«

»Ach, so ein Mist.«

»Entschuldigung, haben Sie das neue Buch von Paulo Coelho?«

»Gott bewahre!«

»Aber das ist doch ein Bestseller.«

»Ich führe hier nur, was mir auch persönlich gefällt.«

»Haben Sie denn die ganzen Bücher hier im Laden gelesen?«

»Ja.«

»Woher nehmen Sie die Zeit?«

»Sehen Sie hier irgendwelche Kunden?«

»Nein.«

»Und das ist mein Geheimnis.«

»Sie sind ein Genie.«

3

»Guten Tag. Haben Sie diese Ausmalbücher für Erwachsene?«

»Nee, aber ich kann Ihnen das neue Buch von Nicholas Sparks geben, das muss weg.«

»Ist es denn so schlecht?«

»Kommt drauf an, wie gut Sie malen können.«

4

»Haben Sie was zum Ausmalen? So eine Art Mandela?«

»Herr Mandela wäre sicherlich nicht erfreut, wenn Sie ihn ausmalen würden. Wobei der jetzt eh tot ist …«

»Wie bitte?«

»Die Vorstellung allerdings wäre recht schön. Wir sollten häufiger Menschen ausmalen. Ist doch alles recht grau geworden.«

Der Kunde verlässt verwirrt den Laden.

5

»Würden Sie mir das als Geschenk einpacken?«
»Sieht das hier aus wie 'ne verkackte Douglas-Filiale?«

6

»Schönen guten Tag. Ich suche ein spannendes Buch. Können Sie mir eines empfehlen?«
»Ich lese keine Krimis, aber im Zweifel würde ich immer was Skandinavisches nehmen.«
»Och, schön. Ich mag ja Litauen sehr gerne.«
»Ich glaube, Sie sollten grundsätzlich mehr lesen.«
»Warum?«
»Och, nur so.«

7

»Ich suche dieses Kinderbuch mit dem Maulwurf, der wissen will, wer ihm auf den Kopf gemacht hat.«
»Hab ich nicht hier. Aber das war bestimmt der Jochen.«
»Welcher Jochen?«

»Ach, so 'n Bekloppter. Wo der nicht schon überall hin-
gekackt hat!«

»So genau wollte ich das nicht wissen.«

8

»Hallo, ich suche was von Charles Bukowski. Der hat
doch auch Lyrik geschrieben, oder?«

»Oh, ich bin ja so individuell. Ich lese nur Kack-Gedich-
te von versoffenen Lebenskünstlern.«

»Warum so grob?«

»Du bist schon der Zehnte in dieser Woche. Könnt ihr
nicht alle wie normale Studenten die *NEON* kaufen? Bukowski? Das sind doch Perlen vor die Säue. Viel zu genial für euch stumpfe Geister.«

9

»Haben Sie das Buch *Karte und Gebiet* von Michel Hou-
ellebecq?«

»Wenn Sie den Namen richtig aussprechen können,
schenk ich es Ihnen sogar.«

»Hullebeck?«

»Fast.«

»Wellblech?«

»Nehmen Sie doch einfach was von Wolfgang Herrndorf.
Das ist für alle Beteiligten weniger peinlich.«

10

»Guten Tag. Ich suche *Die unerträgliche Leichtigkeit des Seins.*«
»Suchen wir die nicht alle?«

Als ich das letzte Mal dort war, habe ich in besagtem Buchladen übrigens eine gemischte Tüte für 50 Euro bestellt. Der gute Mann war anfangs sichtlich verwirrt, hat sich dann aber sehr gefreut. Ich besitze nun jedenfalls den Ratgeber »Steuerrecht 2017«, das neue Werk von Daniela Katzenberger und einen Bildband über Jagdwaffen.
Sein Kommentar: »Endlich bin ich die Scheiße los.«

Manchmal hasse ich meine Ideen.

Hinter der Fassade

Es ist Montagmorgen. Ich sitze angezogen am Frühstückstisch und höre ein klassisches Cellokonzert auf WDR 3. Anscheinend habe ich mein Leben im Griff. Mama wäre stolz auf mich. Frühstücken – das Eimerrauchen der Mittelschicht. Im Radio fallen während der Zwischenmoderationen ständig Sätze wie: »Es folgt eine Variation mit Jürgen Kupferknecht am Kontrabass« oder »Filigranes Spiel von Martina Zwickelmann an der Oboe«. Als würde man das nicht selbst raushören, ihr Trottel.

Ich nehme mein Handy und schreibe meiner Mutter eine SMS.
Wunderschönes Cellokonzert auf WDR3. Hör mal rein. LG Patrick

Meine Mutter schreibt wenig später zurück, dass sie sich grundsätzlich über mein Interesse freue, es sich bei dem angesprochenen Cello allerdings um eine Bratsche handle. Okay, ich nehme alles zurück.

Aber so wie es aussieht, bin ich auf dem richtigen Weg. Immerhin trage ich eine Hose. Beim Blick in den Spiegel habe ich mich glatt vor mir selbst erschrocken. Eine richtige, echte Hose. Ohne Gummibund. Ich fange doch tatsächlich an, meine eigenen Ideale zu verraten. Wäre ich nicht gänzlich vom filigranen Oboen-Spiel berauscht, würde ich mich glatt selber rüffeln.

Seit zehn Minuten widme ich mich der Jagd einer Frucht-fliege und wedle aufgebracht mit dem aktuellen *ZEIT*-Feuilleton umher. In nur wenigen Stunden wird dieser elende Bastard auf eine sehr akademische Weise dahin-scheiden.

Ich kann es noch immer nicht glauben. Anstatt mir wie früher nach dem Aufstehen um 13.00 Uhr zentnerweise *Fruit Loops* in den Schlund zu kippen, kredenzt sich der feine Herr nun ein feines Lachs-Carpaccio. Vor lauter Rührung ist mir vorhin doch glatt eine kleine Träne in die Vinaigrette gekullert. Schon bald werde ich auf ei-nem Avocado-Schiffchen davonsegeln, um euch proleta-rischen Wurststullen-Knechten auf ewig zu entfliehen.

Seit ich jeden Morgen Klassikradio höre, glaube ich, dass ich später entweder ein ausgeglichener Intellektueller oder ein sehr unausgeglichener Psychokiller werde. Ei-ner dieser schrägen Vögel, die Menschen ausweiden und dabei auf ihren Kopfhörern Mozart hören.

Als ich zwei Stunden später Grünkohl mit Mettenden für das Mittagessen vorbereite, merke ich, dass das Cello-Konzert mittlerweile vorbei ist. Ich schalte um. Zur Ab-wechslung wieder aufgedrehte Moderatoren auf *Eins Live* und austauschbares Rumgedudel. *Hör auf die Stim-me! Hör, was sie sagt ...* Schöner Text, denke ich, aber *Halt die Fresse* wäre besser gewesen.

Plötzlich klopft es am Fenster. »Hömma, Kollege. Soweit ich das von hier aus beurteilen kann, muss da noch Mus-katnuss an den Grünkohl, aber ich will dir nicht reinre-den.«

Was soll man sagen? Seit diese aufmerksamen Gerüstarbeiter vor meinem Fenster hantieren, fühle ich mich auf eine seltsame Art geborgen. Zwar musste ich mich an die vielen Zwischenrufe gewöhnen, aber Adam und Marek sind inzwischen wie eine liebende Mutter für mich geworden.

Blöd nur, dass mein Beruf darauf basiert, dass ich gerne andere Menschen beobachte und jetzt selbst dabei beobachtet werde. Wenn der Gerüstarbeiter auch noch vom Bauaufseher beobachtet wird, während er mich beobachtet, kommen wir aus dieser Spirale wohl nie wieder heraus.

Ich schaue zum Küchenfenster: »Wie viel Muskatnuss denn?«
»Zwei Löffelspitzen reichen. Aber mach die Kack-Mucke aus. Wir wollen *WDR 3* zurück.«
»Alles klar, Kollege.«

Während der Grünkohl vor sich hin köchelt, nutze ich die Zeit, um an einer neuen Kurzgeschichte zu arbeiten. Ich öffne ein leeres Dokument und beginne.

Zwei Stunden später klopft es erneut am Fenster. »Ich hab da mal quergelesen. Das Ende ist kacke.«
»Finden Sie?«
»Der Anfang auch.«
»Und der Rest?«
»Na ja, Weltliteratur ist das jetzt alles nicht. Aber solange Sie das nicht beruflich machen …«
»Arsch.«

»Ich hab ja auch 'ne lyrische Ader. Wissen aber die wenigsten. Der Kollege und ich, wir wollen uns nächstes Jahr selbstständig machen. Hab mir so eine Art Slogan ausgedacht.«

»Dann lassen Sie mal hören.«

»Ob Stadt, ob Land, ob Berg, ob Küste
Überall braucht man Gerüste
Drum sag ich's im Vertrauen jetzt
Wandsanierung! Yeah, das fetzt
Drum buchen Sie doch stets Koslovski …«

»Weiter bin ich nicht. Es reimt sich einfach nichts auf Koslovski.«

»Swarovski, Podolski?«

»Aber das macht doch im Kontext keinen Sinn.«

»Dann stellen Sie die Strophe doch um. *Drum sollten Sie nicht lange suchen und einfach den Koslovski buchen.*«

»Alter! Bist du Shakespeare oder wat? Das ist ja genial.«

»Könnt ihr haben. Schenk ich euch.«

Schön, wie wir uns gegenseitig ergänzen, denke ich. Inzwischen haben wir uns an meinem Esstisch versammelt und futtern Grünkohl. Adam und Marek scheinen zufrieden zu sein. Er schmeckt großartig.

»Hömma, darf ich dir ein Ende für deine komische Geschichte schreiben?«

»Wenn du darauf bestehst?«

»Ja.«

Hier kommt also das Ende. Ich garantiere für nichts:

Nachdem die beiden fleißigen Gerüstarbeiter von Herrn Salmen mit einem üppigen Trinkgeld bedacht worden sind, beschließen sie, ihren wohlverdienten Feierabend anzutreten. Gerade als sie das Gerüst herabsteigen wollen, erblicken zwei junge Damen die attraktiven Männer und pfeifen auffordernd. Als Adam und Marek ihren Lockruf erwidern, klettern die wunderschönen Frauen das Gerüst hinauf und fallen über die gestählten Körper der beiden Herren ...

»Hey! Das wird mir hier zu schlüpfrig«, sage ich.
»Spießer.«

Als die beiden Arbeiter sich wieder auf den Weg machen, blickt Marek frohlockend zum Radio. Anscheinend läuft gerade eine Wiederholung des Konzertes von heute Morgen. »Ist das Martina Zwickelmann? Ich liebe diese Frau. Ganz bezauberndes Oboenspiel. Zum Dahinschmelzen.«
»Boah!«, rufe ich. »Könnt ihr einfachen Arbeiter nicht einfach mal ein paar Vorurteile bestätigen?«
»Die da wären ...?«
»Weiß nicht. Bild-Zeitung lesen, Bier trinken, über Autos reden ...«
»Das mag vielleicht auf einige Leute zutreffen, aber wir sind nicht so oberflächlich.«
»Und woran liegt das?«
»Weil wir als Gerüstbauer über den Dingen stehen«, sagt Marek.
»Und hinter die Fassade blicken«, ergänzt Adam.
»1:0 für euch«, antworte ich. »Wir sehen uns morgen.«

»Und bis dahin hast du dir ein schönes Ende überlegt. Mach doch was mit Lyrik.«

»Ich schau mal.«

Ob Stadt, ob Land, ob Berg, ob Küste
Die Muse mich dort nirgends küsste
Drum sag ich's Ihnen im Geheimen
Ich kann wirklich nicht gut reimen
Doch kaufen Sie statt Plastikpalmen
Stets ein Buch von Patrick Salmen

Niemand stirbt II

Na gut, weil Sie es sind. Hier folgen ein paar weitere Highlights aus der Rubrik »Wenn Bücher und Filme realistisch wären«.

SOPRANOS: Ein dicker, haariger Mann sitzt in weißem Unterhemd auf der Couch und guckt »Der Pate« auf *RTL 2*.

TSCHICK: Zwei Teenager wollen mit einem geklauten Lada einen Road-Trip machen, sind dann aber zu faul und schauen stattdessen Serien auf *Netflix*.

DER KLEINE PRINZ: Ein junger Mann behauptet, er komme von einem fremden Planeten, und quatscht dann alle mit tiefsinnigen Lebensweisheiten voll. Rosen, Dornen, Vergänglichkeit, Sie kennen das. Vom kleinen Mann geliebt, vom Feuilleton verachtet, zieht er sich dann in ein Kloster zurück, wo er unter dem Künstlernamen Paulo Coelho Kalenderspruch-Broschüren veröffentlicht.

DER MANN OHNE EIGENSCHAFTEN: Markus Lanz sitzt alleine auf einer Couch und schweigt.

DER WEISSE HAI: Menschen fahren auf einem Boot. Ein Hai taucht auf, aber ohne die Geigenmusik interessiert sich niemand für ihn. Der Hai ist beleidigt und zieht sich ins Private zurück.

MOMO: Eine junge Studentin der Sozialpädagogik schmeißt eine WG-Party mit ihren Hippie-Freunden. Als später einige trist gekleidete BWL-Studenten auftauchen, kippt die Stimmung.

SHERLOCK HOLMES: Ein Ladendetektiv bei Douglas erwischt zwei 14-jährige Mädels beim Klauen, doch er hat Mitleid und belässt es bei einer mündlichen Verwarnung und Hausverbot.

VOM WINDE VERWEHT: Ein Mann sitzt in einer Wohnung und hat die Fenster auf Kipp. Long story short: Durchzug! Der alltägliche Wahnsinn.

SPIDERMAN: Ein erwachsener Mann verkleidet sich als Spinne. Alle lachen ihn aus. Er weint dann viel.

VOM MAULWURF, DER WISSEN WOLLTE, WER IHM AUF DEN KOPF GEMACHT HAT: Ein Maulwurf möchte wissen, wer ihm auf den Kopf gemacht hat. Leider ist er blind und kann nicht sprechen. Schade.

DER SELTSAME FALL DES BENJAMIN BUTTON: Ein junger Mensch wird im Laufe seines Lebens immer älter.

DER NAME DER ROSE: Ulf

eBay-Kleinanzeigen *oder*
Wie ich meinen Glauben an die
Menschheit endgültig verloren habe

Bisheriges Highlight:

Nutzer: »5 Euro.«
Ich: »Da steht doch ›Festpreis fünfzig Euro‹.«
Nutzer: »Zehn Euro.«
Ich: »Fünfzig Euro ist schon sehr günstig.«
Nutzer: »Hurensohn.«

Ein großer Favorit war allerdings auch folgender Dialog:

Nutzer: »Würden Sie auch tauschen?«
Ich: »Gegen was?«
Nutzer: »Zwölf Kilo Lochsteine.«
Ich: »Was sind denn Lochsteine?«
Nutzer: »Na, Steine mit Löchern.«
Ich: »Praktisch.«

Ich glaube, das wird heute nichts mehr. Braucht jemand
von Ihnen alte Winterreifen?

Meine kleine Werbeagentur *oder*
10 Gründe, warum sie mich bei
Jung von Matt rausgeschmissen haben

- Geschäft für kunstvolle Flechtmode: Bast-Art
- Molkerei für Verliebte: Molke 7
- Fotoplattform für Tütensuppen: Instantgram
- Trend-Restaurant: Bagel mit Köpfen
- Nachhaltiger Supermarkt: Du hast mir den Kopf Fairtrade
- Klavierkonzert: Fis oder Stirb
- PC-Ratgeber: Ein Browser ist kein Duschkopf
- Techno-DJ: Markus Schranz
- Französisches Kochbuch: Jeden Tag eine gute Tarte
- Geschäft für Naturkost: Amaranth der Gesellschaft

Patricks Ratgeberecke Teil 2 – Selbstständigkeit und Home-Office

1. Ziehen Sie sich morgens eine Hose an. Das ist grundsätzlich ein Schritt in die richtige Richtung. Die meisten erfolgreichen Menschen der Weltgeschichte vereint die Tatsache, dass sie eine Hose anhaben. Auf Wirtschaftskongressen oder G20-Gipfeln sind Bilder von halbnackten Erfolgsmenschen in Unterhose die Ausnahme. Das ist traurig, aber wahr. Eine Hose ist das Fundament des Erfolgs.

2. Trinken Sie einen Kaffee, machen Sie sich frisch und verlassen Sie dann Ihre Wohnung. Nehmen Sie die U-Bahn, fahren Sie drei Stationen und steigen Sie aus. Warten Sie, rauchen Sie gegebenenfalls eine Zigarette, und fahren Sie dann wieder zurück. Betreten Sie Ihre Wohnung, nicken Sie Ihren Möbeln zu und führen dann ein wenig Small Talk mit ihnen.
»Na, wie isset?«
»Och, muss. Ich sag ja immer: Schlechten Couchgarnituren geht's immer gut.«
Begegnen Sie Menschen und Couchgarnituren, die ihre Sätze mit »Ich sag ja immer …« beginnen, grundsätzlich skeptisch, aber seien Sie vorerst höflich und tolerant.

3. Gehen Sie durch die Zimmer Ihrer Wohnung und sagen Sie willkürlich Dinge wie »Guuuuten Morgen, Mädels« oder »Uwe, grüß dich«. Falls Ihnen dieser

imaginative Akt schwerfällt, benutzen Sie Pappaufsteller oder sperrige Haushaltsgeräte wie Bügelbretter oder Staubsauger und malen ihnen lustige Gesichter auf.

4. Wenn Sie sich einen Kaffee aus der Kantine beziehungsweise Ihrer Küche holen, legen Sie einen üppig aufgerundeten Betrag an Münzgeld auf die Arbeitsplatte. Kommentieren Sie Ihren Vorgang mit einem kessen individuellen Spruch wie »Aber nicht alles auf einmal ausgeben« oder »Der eine kann nix und der andere Kantine«. Klopfen Sie danach gönnerisch auf die Arbeitsplatte und nicken Sie stumm Ihrem Rosmarin auf dem Fensterbrett zu.

5. Bilden Sie Ihren eigenen Betriebsrat und treten Sie einer Gewerkschaft bei. Zetteln Sie regelmäßig Demonstrationen an und basteln Sie dafür ein paar Plakate. Stellen Sie sich vor den Spiegel und brüllen »Vorstand raus« oder »Scheiß Kommerz!«. Seien Sie stets kritisch und kontrovers. Erfolg braucht Reibung.

6. Nennen Sie Ihr kleines Ein-Mann-Unternehmen selbstbewusst Start-up. Reden Sie sich ein, dass Wanne-Eickel das Silicon Valley des Ruhrgebiets ist. Lesen Sie die *brand eins* und träumen Sie davon, wie Sie Ihren Onlineshop für selbstgebastelte Handyhüllen aus Filz in ein paar Jahren für zwanzig Millionen Dollar an Google oder Microsoft verkaufen werden. Setzen Sie sich in der Mittagspause mit Ihrem MacBook in ein Café und telefonieren Sie laut. Benutzen

Sie dabei Wörter wie Effizienz, Optimierung oder Cashflow. Wenn man Ihnen aufs Maul hauen will, rennen Sie. Kenner wissen: Wanne-Eickel ist nicht Silicon Valley.

7. Prokrastinieren Sie nicht. Es ist ja immer das Gleiche: Man sitzt vor der längst fälligen Umsatzsteuererklärung und sucht plötzlich die Bastelschere, weil einem auf einmal die asymmetrische Länge der Teppichfransen aufgefallen ist. Den Besteckkasten könnte man auch mal wieder feucht auswischen, die Bücher farblich sortieren, eine Geschlechtsumwandlung vornehmen ... Sie kennen das. Fokussieren Sie sich auf das Wesentliche. Führen Sie To-do-Listen, aber überschätzen Sie sich nicht selbst. Beginnen Sie mit realistischen Zielen wie »Sitzen« und »Atmen«.

8. Denken Sie daran, genügend Pausen zu machen. Gehen Sie gegen Mittag in die Küche, um kurzweilige Zwiegespräche mit Ihren Kräutertöpfen zu führen. Verwenden Sie auch hier einen floskelhaften Büroduktus und sagen Sie Sachen wie: »Also, ich bin ja so ein Mensch, ich sag ja immer jedem ehrlich und offen meine Meinung ins Gesicht.« Begegnen Sie Menschen und Topfpflanzen, die ihre Sätze mit »Ich bin ja so ein Mensch ...« beginnen, grundsätzlich skeptisch und verabscheuen Sie sie.

Notiz am Rande: Forscher haben herausgefunden, dass Menschen, die häufig den Satz *Ich sag ja immer jedem ehrlich und offen meine Meinung ins Gesicht* verwenden, anderen seltener ehrlich und offen ihre Meinung ins

Das ist Büro-Ulf. Male ihm eine lustige Kaffeetasse.

Gesicht sagen als Menschen, die wiederum proklamieren: *Ich bin ein verlogener, hinterhältiger Lümmel, und dazu stehe ich.*

9. Gönnen Sie sich Ihren Feierabend. Steigen Sie erneut in die U-Bahn und fahren dieselbe Strecke hin und zurück. Sie können auch das Auto nehmen, aber als Selbstständiger im Berufsverkehr zu stecken wäre in der Tat sehr dumm. Rufen Sie nach 18 Uhr keine Mails mehr ab und machen Sie Ihr Telefon aus. Ziehen Sie Ihre Hose aus und atmen Sie tief durch. Nehmen Sie nicht die Arbeit, sondern Ihren Partner mit ins Bett. Seien Sie zärtlich, knutschen Sie. Es sei denn, Sie können nicht, wenn Uwe, Ihr Staubsauger, zuschaut. Sagen Sie erneut »Uwe, grüß dich«. Falls Ihr Partner anmerkt, dass er nicht Uwe heißt, oder wissen will, warum Sie mit dem Staubsauger sprechen, schweigen Sie oder berufen sich auf ein Berufsgeheimnis. Lächeln Sie und lieben Sie einander. Uwe ist überall, aber das muss ja keiner wissen.

Und sowas finden Sie witzig?

1

Gespräch mit dem Pastor:

»Haben Sie sich inzwischen für einen Spruch entschieden?«
»Wohl dem, der deine jungen Kinder nimmt und sie am Felsen zerschmettert.« (Psalm 137,9)

Hach, das wird eine schöne Taufe.

2

Montagmorgen, ich sitze im Untersuchungszimmer vom Hausarzt.

Arzt: »Und, wie lange?«
Ich: »Was?«
Arzt: »Das Attest.«
Ich: »Ich brauche kein Attest.«
Arzt: »Was machen Sie dann hier?«
Ich: »Ich bin krank.«
Arzt: »Ach, du Scheiße.«

Der Arzt brüllt durch die offene Tür zu seiner Arzthelferin: »Erika, hier ist wieder einer von diesen Verrückten.«

3

Ich sitze im Wohnzimmer auf der Couch und höre die Frau rufen.

»Patrick, kommst du mal bitte in die Küche!«
»Ich bin wie 'ne englische Insel.«
»Häh?«
»Eilend.«

(Aus der Rubrik: Schlechte Wortwitze, die gelesen nicht funktionieren.)

4

Berlin, U-Bahn. Ein vermeintlicher Taschendieb macht sich an der Jacke eines Mannes zu schaffen. Dieser merkt es und dreht sich ruckartig um.

Der Mann: »Leck mich fett. Wat bist du denn für 'n Kunde?«
Dieb: »Aber ich …«
Mann: »Dit üben wir aber nochmal. Wat für 'ne erbärmliche Nummer!«
Daraufhin steckt er dem Dieb einen Fünf-Euro-Schein zu.
Mann: »Und jetzt hast du zehn Sekunden, um hier zu verschwinden.«

Das lässt sich er Dieb nicht zweimal sagen und rennt los. Der Mann blickt ihm nach und murmelt in seinen Bart: »Nee, nee, nee. Wat für 'ne Flachpfeife.«

Ich: »Coole Nummer. Sind Sie Bruce Willis?«
Er: »Nee, Taschendieb.«

5

Ein Feldweg an der Ruhr. Vor mir spaziert eine Mutter mit ihrer kleinen Tochter. Das Kind findet einen Stein.

Kind: »Mama, ich will den Stein mitnehmen.«
Mutter: »Nein! Am Anfang findest du ihn noch toll und dann schleppst du ihn nur noch unnötig mit dir rum.«
Kind: »So wie bei dir und Papa?«

6

»Ich hätte gern ein Vollkornbrot.«
»Geschnitten?«
»Nee, gezupft, Sie wildes Ding. Seien Sie doch mal so richtig nasty.«

Ich glaube, hier beim Bäcker nehmen sie mich längst nicht mehr ernst.
Schade eigentlich.

7

Mutter: »Mein Sohn Eugen liebt schlechte Wortspiele. Ich halte das nicht mehr aus. Was kann ich nur tun?«
Psychologe: »Gehen Sie vorerst auf Abstand.«

Mutter: »Aber wie?«
Psychologe: »Nun, wir könnten Eugen nach Athen tragen.«
Mutter: »Ich hasse Sie.«

8

Beim Italiener meines Vertrauens. Ein Mann kommt herein.

Er: »Guten Tag, ich hätte gerne zwei Tassen Kaffee und
eine Kanne Loni.«
Inhaber: »Häh?«
Er: »Das war ein Witz. Einmal Cannelloni, bitte.«
Inhaber: »Guter Mann, bitte verlassen Sie mein Lokal.«
Ich *(kichernd am Nebentisch):* »Vielleicht bestellt er
morgen eine Maß Carpone.«
Inhaber: »Und Sie gehen jetzt bitte auch.«

9

Gespräch zwischen zwei Freundinnen.

»Ich habe jetzt 1000 Follower bei Instagram. Vielleicht
werde ich irgendwann doch noch ein richtiges Model.
Was meinst du?«
»Ach weißt du, innerlich bist du so schön.«

Früher war ich immer traurig,
jetzt habe ich eine witzige Kaffeetasse

Mein Name ist Jürgen, und ich möchte Ihnen heute eine Geschichte der Hoffnung und der Freundschaft erzählen. Die folgenden Ereignisse basieren auf einer wahren Begebenheit …

Früher war ich oft sehr traurig. Ich war so traurig, dass, egal wo ich hinging, immer Geigenmusik im Hintergrund lief. Bis vor wenigen Tagen kannte ich keine Farben, denn mein Leben war ein einziger Schwarz-Weiß-Film, in dem es auch noch immerzu regnete. Sogar in meiner Wohnung. Die Tage waren zäh und trostlos. Aber was dann geschah, werden Sie niemals glauben. Dies ist die Geschichte meiner Kaffeetasse.

Seit ich die witzige Kaffeetasse in mein Leben gelassen habe, hat sich vieles verändert. Was sie zu mir gebracht hat, ob es Zufall oder Schicksal war, weiß ich nicht mehr. Aber jetzt stehe ich morgens auf, sehe aus dem Fenster und jauchze: Menschen – ich liebe sie alle! Manchmal nehme ich die witzige Kaffeetasse mit zur Arbeit ins Krankenhaus und meine Kollegen denken: Krass, der Jürgen. Hätte nie gedacht, dass der so ein verrückter Vogel ist. Ein richtiger Schlingel.

Auf der witzigen Kaffeetasse steht *Montags könnte ich kotzen*. Das ist sehr witzig. Warum? Erstens: Unwitzige Sprüche würden es ja niemals auf eine witzige Kaffeetasse schaffen. Zweitens: Ich glaube, viele Leute mögen den Montag nicht und denken sich im Stillen: Boah! Schon wieder Montag. Keinen Bock! Aber ich trau mich nicht, das zu sagen, und lass deshalb die Tasse für mich sprechen.

Seit ich die witzige Kaffeetasse habe, fällt es mir leichter, mit Menschen ins Gespräch zu kommen. Wenn ich in der Mittagspause zum Rauchen rausgehe, sehen die Leute meine Tasse, und direkt wird es heiter. Hat man sich früher noch stundenlang angeschwiegen, heißt es nun oft: »Sie sind auch kein Freund des Montags? Das hätte ich Ihnen gar nicht zugetraut. Verdammt, wir haben so viel gemeinsam.« Manchmal nehmen sie mich auch einfach direkt in den Arm. Für sie bin ich jetzt eine Art Leitfigur, ein Meinungsmacher. Erst gestern veranstalteten wir eine kleine Demo auf dem Krankenhausparkplatz: Alle hielten eine lustige Montagsspruch-Kaffeetasse in die Luft und proklamierten: »Montage raus aus Deutschland!« Kollege Uli aus der Buchhaltung hat noch gebrüllt: »Wenn ich Montage will, gehe ich in die Werkstatt.« Das ist unfassbar witzig, weil – halten Sie sich fest – ein Wortspiel.

Wissen Sie, was auf meiner zweiten witzigen Kaffeetasse draufsteht? *Falls Kaffee leer, bitte intravenös nachkippen.* Dass jemand sehr viel Kaffee trinkt, ist nämlich ebenfalls verdammt lustig. Stellen Sie sich mal vor, ich würde morgens nur eine Tasse runterbekommen. Ich sag nur – gähn! Aber Nein! Der Jürgen: zwei Tassen. Halb Mensch, halb Maschine.

An einem Nachmittag war ich auf der Kinderkrebsstation und habe lustige Kaffeetassen verschenkt. Das ist witzig hoch zwei, weil a) lustige Kaffeetassen und b) Krebs. Die Krebs-Tasse hat Uli aus der Buchhaltung mit Porzellanmalfarben selbst gestaltet. Da steht drauf: Wenn ich Krebs will, gehe ich ans Meer. Das ist ebenfalls lustig, weil – halten Sie sich fest – wieder ein Wortspiel. »Uli, du bist mir aber auch einer«, habe ich noch gesagt. »Da hast du mal wieder einen rausgehauen.«

»Humor ist, wenn man trotzdem lacht«, habe ich den Kindern gesagt. »Wisst ihr, Kinder, durch die Kaffeetasse habe ich meinen Humor wiederentdeckt. Und was reimt sich auf Humor? Na, kommt ihr selbst drauf? Kann doch kein Zufall sein.«

Die Stationsschwester sagte anschließend, dass viele Kinder nach meinem Besuch geweint hätten. Tränen des Glücks müssen das gewesen sein, denke ich. Letztes Jahr sei ein mittelmäßiger Clown da gewesen, sagte die Schwester noch. Rote Nase, Ballontiere – das volle Programm. Da hätten die Kinder nicht so geweint.
Als sie mich gerade rausschmeißen will, zeige ich ihr meine witzige Kaffeetasse. »Nein!«, ruft sie aus. »Sie mögen auch keine Montage? Wie witzig ist das denn?«
Wenige Tage später haben wir geheiratet und führen seitdem ein glückliches Leben.

Ich denke, vielen Menschen geht es so wie mir. Was für die einen nur eine gewöhnliche Kaffeetasse sein mag, ist für mich ein Stück Hoffnung und Zuversicht. Es mag pathetisch klingen, aber für mich ist diese Tasse mein Leben.

Euer Jürgen.

Schöner scheitern

1

In der Sparkassen-Filiale steht ein Mann ratlos vor dem Geldautomaten und ruft eine Angestellte.

Er: »Können Sie mir helfen? Ich habe hier ein Problem.«
Sie: »Natürlich. Woran scheitert es denn?«
Er: »Weiß auch nicht. Ich komme mit dem Ding einfach nicht klar. Da kommt jedenfalls nichts raus.«

Die Angestellte verschwindet mit seiner Karte zum Schalter und kommt kurz darauf zurück.

Er: »Und? Was war da los?«
Sie: »Sie stehen im Dispo und haben kein Geld auf dem Konto.
Er: »Ich sagte doch, ich habe ein Problem.«

2

»Irgendwie stimmt meine Work-Life-Balance nicht mehr.«
»Du bist seit zwei Jahren arbeitslos.«
»Genau das meine ich.«

3

Kumpel: »Manchmal träume ich davon, Millionär zu sein. Dann könnte ich mir bei Aldi alles kaufen, was ich will.«

4

Der Postbote steht mit seinem Azubi im Hausflur. Ich verweile oben an der Tür und lausche dem Geschehen.

»Merk dir das! Hier im Haus immer bei Salmen klingeln. Der Freak ist immer zu Hause. Ich sag dir: *immer.*«

5

Ich jogge im Park an einer Mutter mit Kind vorbei.

Kind: »Kuck mal, Mama. Der Mann stirbt gleich.«

Ich hasse Menschen.

6

Liste der Dinge, die ich nie wieder tun werde:

- Für fünf Mark ein Glas Mayonnaise essen (1997)
- Oregano rauchen (1999)
- Gegen mein Patenkind Memory spielen (vor 10 Minuten)

7

Ein Hotelzimmer in Bamberg. Ich stehe unter der Dusche und trällere eine herzergreifende Version von Tearin' up my heart *vor mich hin. Plötzlich klopft im Nebenzimmer jemand gegen die Wand.*

»Ja?«
»Alter! Halt die Fresse.«
»So schlimm?«
»Es erzeugt körperliche Schmerzen.«
»Sorry.«
Kurze Zeit später:
»Quit playin' games …«
»Aaaaaaalter! Geh sterben!«

Und ich dachte, es hätte am Song gelegen.

8

Bei einer Wohnungsbesichtigung. Ich stehe mit der Maklerin und einem unbekannten Herrn in einem möblierten Raum und betrachte den polierten Dielenboden.

Maklerin: »Das wird alles neu renoviert. Der Vormieter war ein junger Mann, der hier mit seiner Freundin eingezogen ist. Er hat richtig was investiert in die Bude, aber dann ist die Alte durchgebrannt. Einfach so. Zack, aus die Maus. Bedauerlich! Aber gut, bei dem hätte man das auch ahnen können …«

Vormieter: »Sie wissen schon, dass ich auch hier im
Raum bin?«

Maklerin: »Ups. Mit Ihnen habe ich jetzt nicht gerech-
net.«

Vormieter: »Grmpf.«

9

Mit der Frau im Designer-Outlet.

Verkäuferin: »Sie sind durchaus in einem Alter, in dem
man auch mal unironisch zum Kurzarmhemd greifen
darf.«

Ach, f**** euch doch alle.

Monologe in Stereo

1

Zwei Freunde unterhalten sich über wiederkehrende Träume.

Freund 1: »Es ist immer der gleiche Traum. Schon seit Jahren. Ich gerate in einen Kampf, schlage mit voller Wucht zu und kurz vor dem Aufprall wird meine Faust wie in Zeitlupe immer langsamer oder zerfällt zu Staub. Kennst du das?«

Freund 2: »Ja, so ähnlich. Ich träume immer, dass ich dich verprügele und du bist dann halt tot.«

Freund 1: »Sehr beruhigend.«

2

Kumpel: »Ein Mann sitzt auf einer Parkbank und starrt auf ein Haus. Es scheint auf den ersten Blick verlassen, aber im zweiten Stock brennt noch schwaches Licht. In seiner Hand hält der Mann ein Foto seiner Ehefrau. Er weint. Unter seinen Fingernägeln klebt Blut. Was ist passiert?«

Ich: *»Es interessiert mich nicht.«*

Kumpel: »Ach komm schon …«

Ich: »Gegenfrage: Ein Typ schlägt einem anderen Typ auf die Schnauze. Was ist passiert?«

Kumpel: »Keine Ahnung.«

Ich: »Er hatte keine Lust, *Black Stories* zu spielen.«

3

Ich lese einer Freundin eine neue Kurzgeschichte vor. Bei der letzten Pointe fängt sie an zu lachen.

Ich: »Fandest du das wirklich witzig?«
Sie: »Ja, das könnte so auch in *Spongebob* vorkommen.«
Ich: »Ist das dein Gradmesser für meinen Humor?«
Sie: »Dazu möchte ich mich nicht äußern.«

4

Im Treppenhaus. Ich stehe mit einem Freund vor der Tür eines Nachbarn. Mein Kumpel blickt auf die Fußmatte.

Er: »Boah! *Carpe Diem* – das Arschgeweih unter den Fußmatten.«
Von innen aus der Wohnung: »Hey! Ich hab das Scheißteil nicht ausgesucht, ihr Penner.«

Der Barbier von Berlin

Alles begann mit einem seltsamen Anruf von Frank.

Frank: »Störe ich?«

Ich: »Nun ja, du rufst mich gerade an.«

Frank: »Das war keine Antwort auf meine Frage.«

Ich: »Doch. Denn es liegt nahe, dass der andere gerade irgendwas tut, wenn das Telefon klingelt. Irgendwas macht man ja immer.«

Frank: »Was machst du denn gerade?«

Ich: »Nichts.«

Frank: »Dann störe ich auch nicht?«

Ich: »Doch, denn ich tue bewusst nichts.«

Frank: »Aha. Und was tust du gerade bewusst nicht?«

Ich: »Ich meditiere nicht. Wobei … eigentlich meditiere ich schon.«

Frank: »Seit wann meditierst du?«

Ich: »Es ist keine klassische Meditation, vielmehr eine Art Symbiose aus passivem Verharren und aktivem Starren.«

Frank: »Du sitzt also auf der Couch und guckst Katzenvideos?«

Ich: »Wenn du es genau wissen willst, handelt es sich um eine *N24*-Doku über einen slowenischen Schaufelbaggerfahrer.«

Frank: »Bist du betrunken?«

Ich: »Sagen wir, ich bin auf eine nicht unangenehme Art beschwipst.«

Frank: »Aha.«

»Komm, wir machen mal wieder so einen richtigen Männertag.«

»Und was macht man so an einem Männertag?«, frage ich.

»Wir könnten Bagger fahren.« Frank wirkt euphorisch.

»Haben wir denn einen Bagger?«

»Nein.«

»Dann können wir auch nicht Bagger fahren.«

»Ach, verdammt.«

Schon seit unseren Studienzeiten versucht Frank, mich zu einem sogenannten Männertag zu überreden. Meine Begeisterung hält sich dabei in Grenzen. Diese testosterongeschwängerten Zusammenkünfte waren mir bisweilen ein Dorn im Auge. Statt einfach nur mit ein paar Freunden zu grillen, wird da jedes Mal ein halber Staatsakt zelebriert.

»Wie wäre es denn, wenn wir einfach für ein Wochenende nach Berlin fahren?«, frage ich.

»Au ja, wir könnten zum Fußball gehen. Da ist doch das Pokalfinale.«

»Frank, du interessierst dich nicht für Fußball.«

»Ach, verdammt.«

Zwei Tage später in Berlin …

Frank und ich sitzen in einem dieser neumodischen Barber-Shops in Friedrichshain. Ein Besuch beim Barbier ist das einzig Männliche, was uns eingefallen ist. Ich blicke mich um. Positiv ist der gänzliche Verzicht auf Wortspiele im Firmennamen. Ich meine, sie hätten sich auch *Rha-Barber* oder *Barber Haft* nennen können. Aber anscheinend setzt sich der neue Minimalismus durch.

Ich sehe auf das Schild an der Wand: »Frauen haben hier leider keinen Zutritt.« Na, endlich mal, denke ich. Kennt man ja sonst nur aus Führungsetagen. Orte wie diese gibt es ja so wenig auf der Welt. Völlig verrückte Zeiten, in denen wir leben.

Aber hier beim Barbier können wir Männer mal unter uns sein und männliche Dinge tun wie zum Beispiel Bagger fahren. Ich schaue mich um. Niemand fährt Bagger. Enttäuschend. Was für eine verweichlichte Gesellschaft, in der man nicht mal mehr mit dem Bagger zum Friseur fährt.

Im Raum liegt der Duft von Maschinenöl und Moschus. Die bärtigen Männer hier sehen alle aus, als wären sie Barista oder Instagram-Models. Der Mann neben mir trägt sogar einen kessen Herrendutt. Meine kleine sexy Bibliothekarin, denke ich mir. Ei der Daus! Da werd ich ja ganz wuschig.

Überall liegen Zeitschriften mit Titeln wie *Men's Health* oder *Business Punk*. Ich möchte nicht in einer Welt leben, in der es Zeitschriften namens *Business Punk* gibt. Was für ein bekloppter Name. Um die Wartezeit zu überbrücken, überlege ich mir spontan einige Alternativkonzepte. Hier meine Top Five ...

1. *Landhaus Emo:* Traurige Jugendliche zeigen ihre schönsten Teakholzmöbel.
2. *Der Rezepte-Raver:* Hyper! Hummus! Hülsenfrüchte!
3. *Der Garten-Nazi:* Rasen- und Rassenpflege für den völkischen Schrebergarten.
4. *Sudoku Gothics:* Willkürliche Kästchen zum Schwarzausmalen.
5. *Travel Hipster:* Irgendwas mit Island.

»Kuck mal«, sagt Frank und präsentiert mir stolz eine weitere Zeitschrift. »*Beef!* Um was es da wohl geht?«

»Vermutlich um Fleisch«, sage ich.

»Prima! Die können wir mitnehmen zum Grillen.«

»Schmeckt doch nicht«, antworte ich.

»Komm schon!«

»Ugah! Ugah!«

So langsam überkommt mich ein Unbehagen. Dieser Gedanke an Beef essende Baggerfahrer beim Barbier – wenn ich ehrlich bin, habe ich mich an keinem Ort der Welt jemals unmännlicher gefühlt. Obwohl doch grade Bartträger meistens die emotionalsten und einfühlsamsten Menschen auf Erden sind. Nehmen wir Heavy-Metal-Fans: Sie sehen stets hart und gefährlich aus, gehen dann aber an ihr Telefon und sagen Sachen wie »Du legst auf ... Nein! *Du* legst auf«.

In mir spüre ich plötzlich das Verlangen, mich mit Honigmilch einzureiben und mir mit einem guten Glas Aperol Spritz ein paar Folgen *Desperate Housewives* zu gönnen. Ich muss dringend hier raus ...

Um es kurz zu machen: Am Abend sitzen wir bei einem guten Glas Weißweinschorle in einem Kreuzberger Café und spielen Karten. Verwirrt blickt Frank mich nach einiger Zeit an. »Alter, kannst du jetzt endlich diese verdammte Sonnenbrille absetzen?«

»Auf keinen Fall«, sage ich. »Du kennst mich viel zu gut. Meine Blicke sprechen Bände und du könntest alle meine Spielzüge lesen.«

»Alter, wir spielen Mau-Mau.«

Ach, er muss einfach noch so viel lernen ...

Fluch der Akribik

Ich sitze im Flur des Finanzamtes und warte. Mein Blick schweift durch die Gänge. An den Türen der einzelnen Büros sind kleine Warnschilder befestigt, auf denen durchgestrichene Hände zu sehen sind, ein subtiler Hinweis, dass man den Beamten vermutlich aus Gründen der Hygiene und zur Wahrung angemessener Anonymität nicht die Pfoten schütteln darf. In wenigen Minuten bin ich an der Reihe, doch schon jetzt bin ich ganz aufgeregt.

In Gedanken spiele ich verschiedene Situationen durch, wie ich mich dem Finanzbeamten gegenüber verhalten könnte:

- Denkbar wäre der Verzicht auf jegliche nonverbale Kommunikation. Körperliche Nähe wird ohnehin überbewertet. Berührung, so sagte schon meine erste große Jugendliebe, findet im Kopf statt. Das wissen wir aufrichtigen Amtsfreunde. Allerdings möchte ich auch nicht emotionslos-kühl wirken. Mann, das ist aber auch schwierig.
- Oder doch die klassische Gangsterfaust zur Begrüßung? Sie würde mich angemessen jugendlich wirken lassen, was ich durch mein beinloses Sommerkleid (kurze Hose) unterstreichen könnte. Das würde mir bei Rückfragen zu steuerlichen Ungereimtheiten in die Karten spielen. »Da haben Sie aber was unterschlagen, Sie kleiner Lausbub. Und bei den Kilometern ganz

schön aufgerundet. Aber ich will mal nicht so sein. Was für schöne Männerwaden Sie übrigens haben. Und jetzt nochmal her mit dem Fäustchen, Bro.«

- Vielleicht könnte aber auch ein kleiner sizilianisch-eleganter Wangenkuss nicht schaden? Einmal, zweimal oder dreimal? Werden wir die richtige Wange wählen oder uns aus Versehen flüchtig auf den Mund küssen? Werden wir dies überspielen können oder wie die Tiere übereinander herfallen?
- Für eine herzliche Umarmung spräche das Überraschungsmoment. Vielleicht anschließend noch ein paar Komplimente zum gerahmten Familienfoto oder der Büroeinrichtung. »Hübsche Kinder haben Sie da. Und Ihre Frau erst – welch ein erfrischend vitaler Teint. Aber was sehe ich da: *dieser prachtvolle Tacker!* Ein Träumchen in Grün.«

Gegenargumente wären allerdings das Setzen falscher Signale und einige olfaktorische Defizite meinerseits. Es ist aber auch schwül heute …

Nachtrag: *Wir haben uns für ein stummes Nicken entschieden. Und doch fühlte es sich sonderbar warm und vertraut an. Das war aber auch wieder ein aufregender Tag.*

Der beste Tag meines Lebens

Hannover Hauptbahnhof, neben mir auf dem Bahnsteig wartet eine Grundschulklasse. Die Lehrerin ruft in die Menge: »Bitte alle in Zweierreihen aufstellen.« Ein kleiner Junge guckt mich skeptisch von unten an und nimmt dann meine Hand.

Nun gut, eigentlich wollte ich zurück nach Hause, aber so wie es aussieht, fahre ich jetzt mit einem gewissen Leonard und der gesamten 3c in den Zoo. Welch ein unverhofft schöner Tag.

Wenig später sitzen wir im Zug. Fragen über Fragen schießen mir durch den Kopf. Wo bekomme ich auf die Schnelle Müsliriegel und Trinkpäckchen her? Gibt es später Pommes für alle? Sind die Pinguine gut drauf? Oh Gott, ich bin so aufgeregt.

Wobei ich auch ein bisschen Angst habe, dass der Schwindel niemals auffliegt und ich am Ende morgen zum Diktat oder zum Eckenrechnen antreten muss.

»Salmen! Was macht 54 durch 9?«

»Gute Frau, ich habe nicht die geringste Ahnung. Und das ist auch für mich die siebte Stunde.«

Mein Magen knurrt. Wie selbstverständlich hält Leonard mir eine Bifi vor die Nase. »Hier, für dich, mein großer bärtiger Freund.«

»Hey«, sage ich, »ich bin nicht Chewbacca.«

Während ich die Wurst entkorke, öffnet Leonard eine

Tupperdose mit Kohlrabi, der noch aus der Nachkriegs-
zeit zu stammen scheint, und ein türkischer Mitschüler
namens Ufuk kontert mit einer Knoblauch-Sucuk vom
Vortag. Der Krieg der Düfte ist offiziell eröffnet. Die anderen Fahrgäste rümpfen die Nase, vereinzelt ergeben sie
sich in ihr Schicksal, die meisten jedoch haben das Abteil inzwischen angewidert verlassen.

Irgendwann entdeckt mich die Lehrerin: »Guter Mann,
wer sind Sie denn?«
»Ich bin der, äh ... Ulf.«
»Und was machen Sie hier?«
»Ich bin ...« Verdammt! Mit dieser Frage hätte ich rechnen können. Jetzt heißt es improvisieren. »Ich bin Leo-
nards, äh ... Betreuer.«
Die Lehrerin sieht erst mich und dann Leonard verwirrt
an. »Das war gar nicht mit mir abgesprochen. Wofür
braucht Leonard einen Betreuer?«
»Na, sehen Sie sich den Jungen doch an ...«, raune ich.
»Er ist ein einziges Wrack.«
Jetzt ist auch Leonard verwirrt. Die Lehrerin steht im-
mer noch vor mir und guckt mich irgendwie erwar-
tungsvoll an. Ich hätte mich wirklich besser vorbereiten
müssen.
»So so, was hat Leonard denn?«
»Seine Eltern haben sich getrennt.«
»*Was?*« Der Junge fängt an zu weinen.
»Kleiner Mann, das ist für uns alle nicht leicht, aber ...«
Noch bevor ich den Satz beenden kann, fängt Leonard
hysterisch an zu schreien.
»Sehen Sie, gute Frau«, das meine ich. »Der Junge ist
vollkommen am Ende, ein einziges Häufchen Elend.«

Die Lehrerin wirkt erschüttert. »Gute Güte, das konnte ich ja nicht ahnen. Das tut mir sehr leid für dich, Leonard. Schön, dass Sie da sind, Herr, äh … Ulf.«
Puh, gerade nochmal gerettet.

Gegen 10.00 Uhr erreichen wir den Tierpark. Leonard hat sich inzwischen wieder beruhigt und stellt mir einen weiteren Freund vor.
»Na, wie heißt du?«
»Taylor.«
»Aha.«
Ich würde ihm gerne weitere Fragen stellen, aber im Stillen beschäftigt mich die Frage, ob der junge Mann jetzt unser kleinster gemeinsamer Taylor ist. Ich weiß: Mein Humor ist flach, dafür aber sehr schlicht.
Taylor schaut mich kritisch an. »Ey du, sag mal Klettergerüst.«
»Klettergerüst.«
»Du hast 'ne nackte Frau geküsst.«
»Igitt!«, antworte ich. »Das ist ja ekelhaft. Pfui Spinne!«
Damit soll er mir nicht ungeschoren davonkommen.
»Hey, Taylor. Sag mal Blödmann.«
»Blödmann.«
»Du bist ein Blödmann.« Ha!, denke ich mir im Stillen. Dem Penner hast du es aber gezeigt. Wenn sich das rumspricht, wird dich aber keiner mehr blöd von der Seite anquatschen.

Als wir wenig später endlich das Affenhaus erreichen und die Kinder wie wilde Bestien zu den Tieren hineinstürzen, beschäftigen mich derweil wichtigere Fragen: a) Wie können Leonards Eltern bis zum Nachmittag möglichst schnell die größte Ehekrise ihres Lebens beseitigt haben? b) Wann gibt es in diesem Saftladen hier endlich Pommes?

Kurz bevor wir die schwere Tür öffnen, nimmt Leonard mich erneut an die Hand. »Warum haben sich meine Eltern getrennt?«

»Puh! Das ist eine lange Geschichte.«

»Ich will das aber wissen.«

»Ach, Leonard ...«

»*Biiiiitteeeee!*«

»Na gut. Dein Vater hat Mist gebaut.«

»Was denn?«

»Das soll jetzt keine Ausrede sein, aber da war auch viel Alkohol im Spiel. Spielsucht, Schulden, irgendwann nachts besoffen im Puff aufgewacht. Das übliche Drama.«

»Haben Mama und Papa mich denn noch lieb?«

»Kleiner«, sage ich, »nur mal angenommen, deine Eltern kommen gegen Nachmittag urplötzlich wieder zusammen und tun so, als wäre nichts gewesen. Wenn du dann das Spiel einfach mitspielst und sie niemals, ich wiederhole: *niemals,* darauf ansprichst, dann haben sie dich bestimmt noch lieb. Wichtig ist in solchen Situationen, dass man die Betroffenen nicht mit ihren Problemen konfrontiert. Das musst du mir versprechen.«

»Okay.«

Puh, denke ich, vielleicht nimmt das alles doch noch ein gutes Ende. Jetzt muss ich nur ...

»*Leonard!*«

»*Mama! Papa!*«

Scheiße, denke ich. Wo kommen die denn jetzt her?

»Na, mein Kleiner. Wir waren zufällig in der Nähe und da dachten wir uns …«

Enthusiastisch fällt Leonard seinen Eltern um den Hals. Zu meinen Ungunsten ist auch die Klassenlehrerin inzwischen aufgetaucht und steht einige Meter von uns entfernt. Sie mustert mich streng. Ich schleiche entschlossen zu ihr.

»Herr Ulf«, sagt sie, »was ist denn hier los?«

»Das ist wie bei sterbenden Fliegen«, sage ich, »eine Art letzte Zuckung. Kurz vor der endgültigen Trennung macht man nochmal auf heile Welt und geht in den Zoo. Ein Ritual aus längst vergessenen Zeiten.«

»Die machen aber doch einen ganz glücklichen Eindruck.«

»Na, sehen Sie sich den Mann doch mal genau an. Der Gute ist *hackestrunzdicht*.«

»Auf mich wirkt er aber recht stabil.«

»So ist das mit erfahrenen Trinkern. Die passen sich an ihre Umgebung an. Das ist wie beim Chamäleon.«

»Seine Frau wirkt jetzt auch nicht besonders traurig.«

»Die ist auch voll«, flüstere ich der Lehrerin zu und schaue in die Richtung von Leonards Eltern. Sie sehen tatsächlich vollkommen gesund und zufrieden aus. Ich fürchte, aus der Nummer komme ich so schnell nicht wieder raus.

In diesem Moment schauen auch Leonards Eltern zu uns rüber. Die beiden winken der Klassenlehrerin zu. »Frau Zahner! Schön, Sie zu sehen.«

Um Himmels willen, denke ich. Nicht das noch. Jetzt hilft nur noch eins: Schnurstracks renne ich zu Leonards Eltern, bevor sie mit der Lehrerin ins Gespräch kommen können. »Leonard, geh doch mal bitte kurz zu den anderen Kindern. Ich muss alleine mit deinen Eltern reden.«

»Ist es wegen dem Suff?«

»Jetzt geh schon!«

Als Leonard endlich zu seinen Freunden rennt, schauen mich die Eltern verwirrt an. »Wer sind Sie bitte? Und was ist das für eine Geschichte mit dem Suff?«

»Versprechen Sie mir, dass Sie jetzt stark sein werden.«

»Ja, alles gut.«

»Ich bin Leonards Betreuer. Leonard hat derzeit große Probleme. Seine Klassenlehrerin weiß nichts davon, man möchte sie nicht damit belasten.«

»Um Gottes willen, was ist denn passiert?«

»Also, ich weiß nicht, wie ich es Ihnen sagen soll, aber ...«

»Ja, was denn nun?« Leonards Eltern schauen mich mit irritiertem Blick an und wirken inzwischen irgendwie verzweifelt.

»Ihr Sohn trinkt.«

»Der Junge ist neun.«

»Und genau da liegt das Problem.«

Jetzt heißt es souverän bleiben.

»Warum trinkt er denn?« Leonards Eltern gucken entgeistert.

»Da ist viel Mobbing im Spiel. Der Junge ist völlig am Ende.«

»Aber er wirkt doch immer so glücklich.«

»Stichwort: Verdrängung.«

»Warum wird er denn gemobbt?«

»Für sein Gewicht. Sie glauben ja gar nicht, was der Arme sich alles anhören muss. Speckmops, Schwabbelbacke, Germany's next Topmoppel …«

»Aber er ist doch so schlank.«

»Und *daran* krankt unsere Gesellschaft. Bei all dem Schlankheitswahn werden normalgewichtige Menschen als dick wahrgenommen. Es ist ein Trauerspiel. Nur noch der Alkohol gibt ihm Halt. Aber mein Team und ich von der *Möhrenbande Suchthilfe e.V.* tun alles, was in unserer Macht steht, um Ihrem Jungen zu helfen. Sie müssen mir versprechen, ihn vorerst nicht darauf anzusprechen. Das würde alles nur noch schlimmer machen.«

»Puh, das müssen wir erstmal verdauen. Gibt es denn irgendwas, was wir tun können?«

»Leben Sie Ihr Leben einfach so normal wie möglich weiter. Wichtig ist in solchen Situationen, dass man die Betroffenen nicht mit ihren Problemen konfrontiert.«

Plötzlich steht Leonard vor uns. Wo kommt der denn so plötzlich her? Schüchtern nimmt der Kleine mich an die Hand und schaut zu seinem Vater. »Papa, hast du mich und die Mama noch lieb?«

»Nicht wundern«, flüstere ich dem Vater zu, »da hat wohl einer wieder zu tief ins Glas geschaut. Im Rausch werden diese Kinder immer so sentimental.«

Verwirrt sieht der Vater zu seinem Sohn herab. »Na, klar habe ich euch lieb. Wieso denn auch nicht?«

»Und warum bist du dann nachts besoffen im Puff aufgewacht?«

Diese kleine Ratte, denke ich, und renne los. Ich renne, wie ich in meinem Leben zuvor noch nie gerannt bin. Aus der Ferne höre ich ein letztes, immer leiser werdendes *»Uuuuuuuuuuuuulf«*. Ich renne weiter und immer weiter. Und wenn ich bis zum Ende meiner Tage rennen werde.

Und die Moral von der Geschicht?

Mit fremden Kindern mitgehen –
macht das lieber nicht!

Ich will doch einfach nur schlafen

Ein wohl allseits bekanntes Problem: Immer wenn man im ICE nach bereits erfolgter Fahrscheinkontrolle eingeschlafen ist, gibt es an Bord einen Personalwechsel und die Tickets werden erneut kontrolliert. Energisch wird man dann vom resoluten Schaffner am Hemd gezupft, angeräuspert und irgendwann durch ein zärtlich gehauchtes »*Guten Morgen! Personalwechsel. Die Fahrscheine, bitte!*« aus seinen sanften Träumen gerissen. Erneutes Einschlafen ist danach nicht mehr möglich.

Das Problem: Wahrscheinlich gab es in jüngster Vergangenheit zu viele Schwarzfahrer, die sich, auf Milde und Nachsicht des Schaffners hoffend, des Schelmenstreiches »Schnarchender Mensch« bedienten. Der simple Grundgedanke: Beim Anblick des Schlafenden würde der durchs Abteil schlendernde Schaffner denken: Oh, er schläft wohl, dieser unschuld'ge Bub. Seht nur, wie er friedlich ruht! Vom Tagwerk ganz erschöpft, sind die Äuglein ganz müd geworden, darum ziehe ich weiter mit Siebenmeilenstiefeln und lasse das Träumerlein gewähren. (Die Eisenbahn ist in diesem Fall sehr altmodisch.)

Doch der Mensch ist ein Schlitzohr und führt stets Böses im Schilde, darum scheinen die Zeiten milder Nachsicht und naiver Menschenliebe vorbei. Und all dies ist verständlich, liebe Deutsche Bahn, deshalb hier ein Vorschlag zur Güte:

Das ist ein kleiner Fahrschein-Rocker. Male ihm einen Sticker.

MODELL A:

Jeder bereits kontrollierte Fahrgast bekommt nach positivem Befund einen kleinen Sticker auf die Stirn geklebt. Denkbare Aufschriften wären:

1. »Fein gemacht!« (Zum Beispiel mit einem süßen, kleinen Igel und entsprechender Sprechblase)
2. »Already checked! Yeah!« (Für besseres Marketing meinetwegen auch mit glitzernden Einhörnern für die ganzen Hype-Opfer)

Möglich wären allerdings auch kess gereimte Varianten wie:

1. »Lieber Schaffner, kleiner Schatz, mir sei gewährt ein kleiner Ratz.«
2. »Seht, mir sitzt die Kohle locker. Ich bin ein kleiner Fahrschein-Rocker.«

(Die Sticker müssten in diesem Fall wesentlich größer sein.)

Um die Möglichkeit einer erneuten Verwendung, illegaler Weitergabe oder sonstiger Manipulation zu unterbinden, explodiert der Sticker nach der Fahrt automatisch.

MODELL B:

Jeder Schaffner erhält bei Dienstantritt ein kleines Parfümflakon. Bereits kontrollierte Fahrgäste werden mit einem leicht herben und zugleich süßlich-verspielten Duft eingesprüht. Statt den unschuldig schlafenden Passagier zu wecken, reicht dem nachfolgenden Schaffner ein kurzes, unauffälliges Schnuppern am Fahrgast. Falls dieser jedoch just in diesem Moment erwachen sollte, könnte es zu bizarren Szenen kommen. Ein möglicher Dialog wäre zum Beispiel folgender:

Fahrgast: »Warum riechen Sie an mir?«
Schaffner: »Ich kontrolliere nur.«
Fahrgast: »Freak!«

Aber gut, ein bisschen Schwund ist immer. Liebe Bahn, kommen wir da irgendwie zusammen? Die Patentrechte schenke ich euch. Ich will doch einfach nur schlafen.

Geschichten aus der Bahn

1

Ich sitze im Zug nach München. Neben mir ein Herr mittleren Alters.

Er: »Blöde Frage, aber ich würde gern für ein paar Minuten die Augen zumachen und habe Angst den Ausstieg zu verschlafen. Können Sie mich vielleicht kurz vor Nürnberg wecken?«

Ich: »Aber gerne doch. Wie hätten Sie es denn gerne?«

Er: »Stupsen Sie mich einfach an.«

Ich: »Gewaltsam? Zärtlich? Oder vielleicht doch lieber neckisch?«

Er: »Sie können Ihre Stupser ja intensivieren.«

Ich: »Kaffee oder Tee nach dem Aufwachen?«

Er: »Das ist ja lieb von Ihnen. Gerne Kaffee.«

Ich: »Mittelstark, schwarz, leicht gezuckert?«

Er: »Woher wissen Sie das?«

Ich: »Menschenkenntnis.«

Er: »Das wäre aber wirklich nicht nötig.«

Ich: »Jetzt machen Sie mal die Äuglein zu. War denn das Zahnputzmonster auch schon da?«

Er: »Jetzt steigern Sie sich aber ein bisschen rein …«

Ich: »Psssssss …«

Das ist natürlich erfunden und kompletter Schwachsinn. In Wahrheit lief es so ab:

Er: »Können Sie mich vielleicht kurz vor Nürnberg we-
    cken?«
Ich: »Ja.«
Er: »Danke.«

*Jetzt hab ich mich aber schon beim Schreiben so sehr in
die Geschichte reingesteigert, dass ich wirklich überlege,
dem fremden Mann einen Kaffee zu holen und ihm gleich
zärtlich die Ohrläppchen zu kraulen. Ich halte euch auf
dem Laufenden, wie es ausgeht. Hach, ich bin schon so
gespannt.*

2

*Eine junge Frau versucht, ihren sehr großen Koffer aus
dem Gepäckfach zu heben. Sie wendet sich an einen
Herrn im Anzug, der auf dem Gangplatz unter der Abla-
ge sitzt.*

Sie: »Würden Sie mir vielleicht kurz helfen?«
Er: »Sehr gern. Ich wollte es vorhin schon anbieten, aber
    ich war unsicher.«
Sie: »Warum?«
Er: »Heutzutage ist man ja sofort Sexist, wenn man als
    Mann einer Frau unter die Arme greifen will.«
Sie: »Keine Angst. Sie sind vielmehr ein Arschloch,
    wenn Sie als Mensch nicht erkennen, wenn ein ande-
    rer Mensch Hilfe braucht.«
Er: »Ich dachte ja nur. Von wegen ›das schwache Ge-
    schlecht und der große starke Bär‹.«
Sie: »Aha.«

Der Mann steht auf, versucht mehrmals den Koffer anzuheben und scheitert kläglich. Ein weiterer Herr beobachtet das Szenario und schüttelt amüsiert den Kopf. Er tritt hinzu, holt recht mühelos den Koffer herunter und nimmt wortlos wieder Platz. Die Frau bedankt sich bei ihm und wendet sich erneut an den anderen Mann.

Sie: »Auf Wiedersehen, mein großer starker Bär!«
Er: »Jetzt werden Sie aber zynisch.«

3

Im ICE unterhält sich ein junges Paar darüber, dass sie es nicht mehr geschafft haben, eine Fahrtkarte zu kaufen.

Sie: »Für die zwei Stationen holen wir uns jetzt auch kein Ticket mehr. Wenn der Kontrolleur kommt, stellen wir uns einfach schlafend oder vertiefen uns in ein Buch. Das wirkt unverdächtig.«
Er: »Okay!«

Fünf Minuten später kommt der Kontrolleur.

Kontrolleur: »Hier im Abteil noch jemand zugestiegen?«
Er: »Ja, hier.« *(kurze Pause)* »Ach, verdammt!«
Sie: »Trottel.«

4

In der Reihe vor mir sitzen zwei Philosophieprofessoren und debattieren über Adorno. Einer der beiden hält einen langen, verschachtelten Monolog, bis der andere ihm ins Wort fällt.

»Interessanter Punkt, Herr Heinemeier. Wenn ich Sie bitten dürfte, den letzten Satz einmal von Ihrem Gedankenzug zu entkoppeln.«

Das ist mit Abstand mein neuer Lieblingssatz. Ich habe mir vorgenommen, ihn fortan täglich zu benutzen.

»Patrick, komm mal von der Couch und bring den Müll runter.«
»Wenn ich Sie bitten dürfte, diese Idee einmal von Ihrem Gedankenzug zu entkoppeln.«

5

Mein Sitznachbar im Zug führt seit gefühlten Ewigkeiten ein wichtiges Geschäftsgespräch am Telefon. Scheinbar geht es um Personalmanagement. Die häufigsten Wörter auf meiner Bingo-Liste sind ›Effizienz‹ (17) und ›Optimierung‹ (12). Als sie sich nach zwei Stunden verabschieden, beschließen sie, das Ganze doch lieber per Mail zu klären. Ich bin begeistert.

Heimfahrt von der Leipziger Buchmesse. Auf dem Platz hinter mir im ICE sitzen zwei Mittvierzigerinnen und unterhalten sich. Beide haben eine Piccoloflasche Sekt in den Händen und sind bereits sichtlich beschwipst.

Frau 1: »Heute morgen habe ich auf der Buchmesse etwas Lustiges gekauft. Von Pääätrick Salmen. Allein der Titel. Schau mal ...«

Frau 2: »Ich habe eine Axt?«

Frau 1: »Witzig, oder?«

Frau 2: »Kann ich nicht drüber lachen.«

Frau 1: »Ich find's frech. Komm, ich lese dir mal was vor.«

Seit zehn Minuten höre ich mir nun also meine eigenen Texte an. Eine seltsame Situation, aber irgendwie auch schön. Hin und wieder gackern die beiden und prosten sich zu. Es fallen Sätze wie »Stößchen, Erika« und »Man gönnt sich ja sonst nichts«. Beim Wort »Gondel-Ulf« ist es schließlich vorbei. Aus einem anfänglichen Wiehern wird ein lautes Grunzen. Beide sind völlig am Ende. Einige Fahrgäste schauen genervt zu ihnen rüber. Ich fühle mich schuldig und beschließe, ins Bistro zu gehen. Als ich aufstehe, nicke ich den beiden Damen höflich zu.

Ich: »Patrick. Nicht Pääätrick.«

Frau 1: »Ach, den kennen Sie auch?«

Ich: »Leider.«

Frau 1: »Finden Sie nicht gut?«

Ich: »Ist mir jetzt persönlich zu frech.«

Frau 2: »Na ja, muss ja jeder selbst wissen. Stößchen!«

7

Mein Sitznachbar liegt inzwischen schnarchend mit seinem Kopf an meiner Schulter. Dann und wann murmelt er im Halbschlaf vertraute, liebevolle Worte. Ich würde ihn ja wecken, aber es fühlt sich gerade so gut an, gebraucht zu werden.

8

Vorhin hat mich eine junge Frau im Zug um ein Autogramm gebeten. Der ältere Mann neben mir wurde daraufhin hellhörig und fragte, was ich so mache.
Ich wäre wirklich gerne dabei, wenn er seiner Frau heute Abend erzählt, dass er im IC nach Stralsund neben einem weltberühmten Wrestling-Champion gesessen hat.

PS: Falls jemand fragt, mein Name ist Thunder-Salmen.

9

Ausnahmsweise habe ich mir mal einen Platz in der 1. Klasse gegönnt und beobachte nun die Menschen in der 2. Klasse. Surreale Szenen. Überall ruß- und ölverschmierte Männer, die lautstark Arbeiterlieder vor sich hin grölen. Frauen gebären ihre Kinder in den Gängen. Es riecht nach Urin und Crystal Meth. Wohin man auch blickt: Hahnenkämpfe, bettelnde Kinder und auf dem Boden kriechende Greise. Das Proletariat kratzt verzweifelt an den gläsernen Schiebetüren und brüllt »Nieder mit der Klassengesellschaft!«.

Immer wenn sich der Türspalt öffnet, stelle ich meinen Cappuccino ab und lege die Gratis-FAZ beiseite, um den Menschen in der 2. Klasse ein wenig Kupfergeld zuzuwerfen und mir ein gnädiges Lächeln abzuringen. Ach, sie haben doch nichts, diese armen gottlosen Wesen. Traurig!

10

Im ICE nach Hamburg.

Neben mir sitzt ein circa 15-jähriger Junge und schreibt eine Facharbeit für die Schule. Ich erspähe den Titel: »Hitler – Fluch oder Segen?«. Gewagte Fragestellung. Ich möchte mich nicht zu weit aus dem Fenster lehnen, aber ich glaube, er bekommt bald einen Job beim *Stern*. Eine mögliche Entwicklung wäre:

- Facharbeit in der 7. Klasse: »Hitler – Fluch oder Segen?«
- Hausarbeit im 1. Semester: »Das Frauenbild im Nationalsozialismus – eine Betrachtung«
- Hausarbeit im 4. Semester: »Ästhetik und Dialektik völkischer Kunst als Spiegelbild hegemonialer Sehnsüchte«
- Artikel im *Stern:* »Hitler – Fluch oder Segen?«

11

Zugdurchsage im ICE nach Berlin: »Nächster Halt Wolfsburg. Ausstieg in Fahrtrichtung links.«

Mann neben mir: »Oh Gott! Allein die Vorstellung, in Wolfsburg auszusteigen, macht mich unfassbar traurig.«
Ich: »Wo kommen Sie denn her?«
Er: »Aus Herne.«

Keine Pointe.

12

Zugdurchsage auf der Strecke von Kiel nach Hamburg:

»Meine Damen und Herren, die schlechte Nachricht zuerst: Aufgrund eines technischen Defekts können wir leider nur mit halber Geschwindigkeit fahren. Das Gute: Dies schenkt uns unerwartete Momente der Entschleunigung. Hätten wir die Scheiben geputzt, könnten Sie den Ausblick genießen. Aber wir haben ja alle genug Fantasie.«

13

Hier im Zug läuft ein circa neunjähriger Junge durch die Gänge und kontrolliert die Fahrkarten. Um ihn zu testen, gebe ich ihm ein altes Ticket.

Er: »Tut mir leid, ist abgelaufen.«

Der Junge grinst und zerreißt den Fahrschein.

Ich: »Ey, den brauche ich noch für die Steuer.«

Er: »Das hätten Sie sich vorher überlegen können.«

Ich: »Sie sind der Chef.«

Er: »Das macht dann hundert Euro.«

Ich: »Sie sind streng, aber gerecht. Ich habe aber kein Geld.«

Er: »Dann kommen Sie jetzt ins Gefängnis. Warten Sie kurz …«

Der Junge holt seine kleine Schwester (circa sieben Jahre alt), die mich umgehend verhaftet und streng in Richtung Gefängnis (Bordbistro) zieht. Dort treffe ich auf weitere Inhaftierte.

Ein Mann prostet mir brüderlich mit einem Weizenbier zu: »Ich hab mir den Tag auch anders vorgestellt.«

14

Hinter mir sitzt eine Familie mit schreiendem Kleinkind, wir sind auf dem Weg nach Zwickau.

Fremder Mann: »Entschuldigung, können Sie dafür sorgen, dass Ihr Baby endlich mal leise ist? Ich würde gerne lesen.«

Vater: »Wenn Sie möchten, kann ich es aus dem Fenster schmeißen.«

Humor hat der Mann. Hoffe ich zumindest.

15

Ich beobachte eine Mutter mit ihrem circa dreijährigen Jungen. Das Kind klappert emsig mit seinen Spielsachen. Hin und wieder lacht es laut. Ein sichtlich genervter Geschäftsmann wendet sich an die Mutter.

Mann: »Geht das nicht alles ein bisschen ruhiger? Ich
    möchte hier arbeiten.«
Mutter: »Verzeihen Sie.«
Mann: »Wir sind hier in der Bahn und nicht in der Kita.«

Der Geschäftsmann richtet seinen Blick erneut zum Laptop und fängt lautstark an zu tippen.

Mutter: »Geht das nicht ein bisschen ruhiger? Mein Sohn
    möchte hier in Ruhe Bauklötze aufeinanderhauen.«
Mann: »Ihr Ernst?«
Mutter: »Das ist ein Zug und kein Großraumbüro.«
Fremder Mann von hinten: »Haha! 1:0, du Arschloch.«

16

Zugdurchsage im ICE

»Meine Damen und Herren, nächster Halt ist Frankfurt …
Äh … Bonn … Nein! Köln. Na ja, irgendwo werden wir
schon sein.« *Pause.* »Ach, ich bin ja ganz verwirrt, ich
kleiner Schussel.«

17

Im Zug, ich schaue aus dem Fenster und beobachte den Regen.

Mann neben mir: »Das Wetter ist wirklich ein Traum. Ironiemodus on.«
Ich: »Haben Sie gerade wirklich ›Ironiemodus on‹ in einem alltäglichen Gespräch benutzt?«
Mann: »Sagt man das nur im Internet?«
Ich: »Ja, und selbst dort zeugt es von geistiger Beschränktheit. Ironiemodus off.«
Mann: »Haha. Made my day.«

Ich stehe auf und gehe.

18

In der Reihe hinter mir sitzt ein circa 14-jähriger Junge neben seinem Vater und macht sich Notizen in einem Collegeblock.

Sohn: »Papa, was heißt unterirdisch auf Englisch?«
Vater: »Underearthly.«
Sohn: »Wirklich? Klingt irgendwie komisch.«
Vater: »Ich bin vielleicht alt, aber nicht blöd.«
Der Sohn schreibt weiter. Währenddessen schaut der Vater grübelnd aus dem Fenster.
Vater: »Wofür brauchst du das genau?«
Sohn: »Für die Hausaufgaben.«
Vater: »Sind die wichtig?«

Sohn: »Ja, schon.«

Vater: »So sicher bin ich mir nämlich vielleicht doch nicht.«

Sohn: »Ich weiß. Hab's eh nicht aufgeschrieben.«

Vater: »Arsch.«

19

Im Zug nach Stuttgart.

Hinter mir sitzt ein Mann mit Kopfhörern. Anscheinend hört er irgendwas unfassbar Witziges, denn seit Stunden gackert er fröhlich vor sich hin. Ein schnaufendes Wiehern, gefolgt von einem schrillen In-sich-hinein-Kreischen. Auf eine schreckliche Art verstörend. Zu gerne würde ich mich umdrehen, um ihn zu fragen, was denn so unglaublich lustig ist. Irgendwann tippt er mich von hinten an.

Er: »Sorry, ich habe da gerade zufällig mitgelesen. So schlimm ist mein Lachen doch auch wieder nicht.«

Ich: »Oh, wie peinlich.«

Er: »Schon okay. Und schöne Grüße an Ihre Leser.«

An dieser Stelle also: Schöne Grüße vom unbekannten Mann hinter mir. Wundervolles Lachen, toller Typ!

Nach einigen Minuten treffen wir uns im Bordbistro wieder.

Ich: »Darf ich fragen, was Sie da Lustiges gehört haben?«

Er: »Ein zeitgenössisches Kammerkonzert.«
Ich: »Und das ist so witzig?«
Er: »Ach, von so etwas haben Sie eh keine Ahnung.«

Na ja, wo er recht hat.

20

Ich sitze im ICE nach München.

Vor etwa einer Stunde hat sich ein Junggesellenabschied
zu mir ins Abteil gesellt. Sieben taumelnde Männer in
schlecht bedruckten T-Shirts inklusive Bollerwagen, Dosenbier und Ghettoblaster – das volle Programm. Ich
plante bereits meine Flucht und rechnete mit dem
Schlimmsten.
Jetzt sitzen sie seit einer Stunde friedlich da, hören Cold-
play und tauschen vegane Kuchenrezepte aus. O-Ton:
»Norbert, der Carrot Cake vom letzten Brunch war übrigens ein Träumchen!«

Auch mal schön.

PS: Das war natürlich nur ein Scherz. Sie hören Micky
Krause, saufen wie die Löcher und gehen mir tierisch auf
den Sack.

21

Bei mir im Zugabteil sitzt ein älterer Herr mit einem rie-sigen Mayonnaise-Eimer auf dem Schoß. Ich bin ange-messen verwirrt und durchaus neugierig. Wer ist dieser Mann? Was ist seine Mission? Mein innerer Sherlock ist noch zwiegespalten.

Denkbar wären folgende Szenarien:

a) Er ist ein fahrender Vertreter. Mögliche Verkaufsstra-tegie: »Guten Tag, ich beobachte Sie und Ihr trockenes Brötchen jetzt schon eine ganze Weile. Brauchen Sie was von dem guten Stoff?«

b) Er ist ein Pommesbudenbetreiber auf der Flucht vor dem Rosenkrieg mit seiner Ex-Frau. »Sie kann mir al-les nehmen, aber nicht den guten Zehn-Liter-Eimer!« (Guter Mann, ich fühle mit Ihnen.)

c) Ist er ein Serienfreund und Drogenhändler? Eine Art deutsche Sparversion von Gustavo Fring, der sein Crystal Meth nicht mit dem Lkw nach Mexiko, son-dern mit dem ICE nach Wolfsburg transportiert, um es da zu verhökern? Treibt er junge Menschen womög-lich gewissenlos in die Abhängigkeit? Würde ich der Gesellschaft etwas Gutes tun, wenn ich ihn auf der Stelle erledige?

d) Oder ist er vielleicht ein Investmentbanker, der auf Understatement setzt und bei der Wahl des richtigen Reise-Accessoires lieber auf etwas »zeitlos Schlich-tes« zurückgreift? Ich finde ja die Vorstellung, dass dieser Trend sich in der hiesigen Szene durchsetzen könnte, sehr reizvoll. »Ein schönes Modell haben Sie da, Herr Vorstandsvorsitzender.« »Vielen Dank. Nur Kenner wissen: Die Marke Heinz gilt als der Rimowa-Koffer unter den Mayo-Eimern.«

Ich tendiere zu Variante d), bin aber zunehmend unsicher. Wo ist dieser elende Watson, wenn man ihn mal braucht?

22

Im Großraumabteil spricht mich ein fremder Mann an ...

Er: »Ob wohl heute wieder etwas Spannendes passieren wird?«

Ich: »Guter Mann, wer sind Sie?«

Er: »Ich lese immer Ihre Bücher und Facebook-Geschichten.«

Ich: »Ach, wie schön.«

Er: »Und jetzt bin ich ganz aufgeregt, ob wir nicht heute gemeinsam etwas Schönes erleben werden.«

Ich: »Mit so einem Erwartungsdruck kann ich nicht umgehen.«

Er: »Ignorieren Sie mich einfach.«

Am Ende war es die langweiligste Zugfahrt meines Lebens.
Ich hasse meine Fans.

Mögliche Gedanken von Menschen, die nach dem Verlassen der Rolltreppe urplötzlich stehen bleiben

a) »Oh, ich bin ein Baum. Seht, mein prächtiges Wurzel-werk!«
b) »Entzückender Fliesenboden. Ein Träumchen!«
c) »Milch! Wir brauchen noch H-Milch.«
d) »Warum existiere ich?«
e) ».. .«

Patricks Ratgeberecke Teil 3 –
Wie Sie ein richtiger Künstler werden

1. Beschäftigen Sie sich zehn Prozent des Tages mit Kunst und neunzig Prozent des Tages mit Selbstzweifeln. Selbstzweifel sind Ihre Visitenkarte. Manche Künstler sind so authentisch, dass sie sogar an ihren Selbstzweifeln zweifeln und sich Fragen stellen wie: »Sind es gute Selbstzweifel? Sind sie berechtigt? Oder wirken sie vielleicht zu aufgesetzt leidend, zu pathetisch? Steiger ich mich da vielleicht gerade rein und bin am Ende doch ein verkanntes Genie?«

2. Halten Sie sich stets für ein verkanntes Genie. Hadern Sie mit dem Mainstream! Es liegt nicht an Ihnen, sondern am übersättigten Markt, wenn niemand Ihre Singer- und Songwriter-Tour in Ostwestfalen besucht, obwohl Sie Ihr selbstkomponiertes Liedgut doch stets so ehrlich und liebevoll schüchtern mit den Worten »Das hier ist mein ehrlichster Song« oder »Ein Lied für einen Menschen, der mich in all den Jahren begleitet und geprägt hat: Für dich, Mama« anmoderieren. Denken Sie später daran: Die Leute haben Sie schon ignoriert, als Sie noch in kleinen Clubs gespielt haben. Und das hat doch auch was Tröstliches.

3. Seien Sie selbstbewusst. Kacken Sie auf einen Tisch und machen Sie ein Polaroid-Bild davon. Kacken Sie erneut auf das Polaroid und machen erneut ein Polaroid von Ihrem bestuhlten Polaroid. Brüllen Sie: »Der

Kreislauf der Scheiße! Das ist Kunst, ihr Ficker!« Falls Sie ignoriert werden, dürfen Sie wieder in Selbstzweifel verfallen. Trinken Sie dabei Weißwein und hören Sie Sigur Rós. Zelebrieren Sie Ihre Selbstzweifel stets mit Stil.

4. Fallen Sie nie aus Ihrer Rolle. Jeder soll sehen, dass Sie Künstler sind. Es geht um die *Attitude*. Nehmen Sie auf Partys immer Ihre Akustik-Gitarre mit und präsentieren Sie in der WG-Küche Ihre tiefsinnigen Songs *Fragment of a broken heart* oder *Octoberrain* auf den stets gleichen Akkorden von *Nothing Else Matters*. Irgendwelche Sozialpädagogikstudenten auf MDMA werden Sie damit emotional schon berühren. Genießen Sie danach Ihren *Fame* und sagen Sie »Thank you, Germany. I love you! Amazing!«

5. Alle Ideen dieser Welt hat es bereits gegeben, und Sie können das Rad nicht neu erfinden. Ignorieren Sie diese Tatsache und denken Sie immer daran: Ihre Gedanken sind wie ein Einbrecher: *Deep*. Die ganze Welt ist an Ihren individuellen und klugen Gedanken interessiert. Schreiben Sie Bücher. Teilen Sie Ihre klugen Gedanken, es sei denn, Sie sind Richard David Precht oder Eckart von Hirschhausen. Dann gründen Sie Ihre Kunst auf Mysteriosität, indem Sie einfach verschwinden.

6. In keinem Land der Welt wird mehr zwischen ernster Kunst und Unterhaltungskunst unterschieden als in Deutschland. Beginnen Sie Ihren künstlerischen Werdegang stets mit E-Kunst. Seien Sie *arty* und *indepen-*

dent. Wenn Sie sich auf die Bereiche Performance-Kunst, Off-Theater und Hybrid-Lyrik spezialisiert haben, werden Sie es schwer haben, große Theater und Literaturhäuser zu füllen, aber es gibt Auswege: Stipendien.

7. Brüllen Sie »Scheiß Kapitalismus!«, während Sie Ihre Kunst mit wirtschaftsgeförderten Stipendien finanzieren. Falls Sie erfolgreich werden: Vergessen Sie Ihre Ideale. Sie sind jetzt reich. Wer als reicher Mensch noch Ideale hat, dem ist nicht mehr zu helfen. Kapitalismus fetzt! Investieren Sie fünf Euro in das Crowdfounding-Projekt Ihres alten Studienkumpels, der sein Singer-Songwriter-Album »Fragment of a broken heart« in einer limitierten Vinyl-Edition unter die Leute bringen möchte, um dann in einem selbstgebauten Caravan aus Holz durch die Lande zu ziehen. Ihr Gewissen ist jetzt rein. Den Rest können Sie verprassen.

8. Vermarkten Sie sich. 99 Prozent des Erfolgs basiert auf Marketing. Wenn Sie Autor sind, setzen Sie sich mit Ihrem eigenen Werk in die Straßenbahn, halten Sie Ihr Buch demonstrativ vor das Gesicht und sagen Sie laut und deutlich: »Hahaha! Welch klug konstruierte Pointe« oder »Nein! Welch unerwartete Wendung. Damit konnte jetzt wohl niemand rechnen. Dieser Autor ist schlichtweg genial.« Ignorieren Sie diesen Tipp, falls auf dem Cover ein Foto von Ihnen abgedruckt ist. Man würde Sie in so einem Fall entweder für selbstverliebt oder für geisteskrank halten.

9. Seien Sie Ihren Freunden dankbar, dass sie Ihnen jahrelang erzählt haben, Ihre Kunst sei wertvoll. Seien Sie Ihren echten Freunden dankbar, dass sie jahrelang ehrlich zu Ihnen waren. Denken Sie an die Zeit, als Sie sich ambitioniert mit Leinwand und Staffelei ausstatteten, um sich der abstrakten Öl-Malerei zu widmen, und Ihre vermeintlichen Freunde sagten: »Oh, du hast ein Bild gemalt. Du solltest Künstler werden«, während Ihre echten Freunde anmerkten: »Du weißt, dass Hitler auch gemalt hat. Möchtest du so sein wie Hitler?« Denken Sie an die Tage zurück, an denen Sie sich in Ihrer jugendlichen Depressionsphase dem Schreiben morbider Lyrik im Stile Gottfried Benns oder Georg Trakls gewidmet haben. Ihre vermeintlichen Freunde kommentierten: »Schön … Irgendwie so zerbrechlich«, während Ihre echten Freunde ergänzten: »Ich habe über dein Gedicht namens *Metamorphosis II: Tot und Verwesung* jetzt zwei Stunden nachgedacht, es in einen literaturhistorischen und soziokulturellen Kontext gesetzt und bin zu der Erkenntnis gekommen: Es ist kacke.«

10. Ignorieren Sie Kritik. Sie selbst sind schon Ihr größter Kritiker. Hassen Sie sich lieber selbst. Lesen Sie keine Rezensionen. Um hier die geschätzte Kollegin Sarah Bosetti zu zitieren: »Eins von beidem muss man können: mit Kritik umgehen oder Kritik umgehen.«

Das Problem an Kunst: Gute Kunst ist für irgendwen immer auch Scheißkunst. Das Gute an Kunst: Scheißkunst ist für irgendjemand immer noch Kunst. Das Kontroverse an Kunst: Kunst.

Vom Zauber des Reisens

1

Ein Tabakladen am Münchner Hauptbahnhof.

Ich: »Guten Tag. Eine Schachtel Gauloises, bitte. Die für sechs Euro.«

Mann: »Mia homm nua Zimmer.«

Ich: »Sie vermieten Zimmer?«

Mann: »Na. Simma!«

Ich: »Simma?«

Mann: »Na, *simma* hoit. Wenn'S mi net verstehn, konn i Eahna a ned helfen.«

Die Schlange hinter mir wurde immer länger. Ein sichtlich genervter Kunde hat dann übersetzt. Das gemeinte Wort war »Siebener«. Diese Sprachbarrieren machen mich fertig.

2

Im Flugzeug nach Zürich. Neben mir sitzt ein älteres Ehepaar. Sie liest Zeitung, während er aus dem Fenster schaut.

Frau: »Hihi. In der Schweiz heißen fast alle Leute Urs.«

Er: »Ach, das ist doch albern. Immer diese Klischees.«

5 Sekunden später ...

»Herzliche Grüße auch von uns aus dem Cockpit. Willkommen an Bord. Mein Name ist Urs, ich bin heute Ihr Pilot.«

3

Wie mir zu Ohren kam, kann man in vielen Hotels oftmals unkompliziert ein Gratisfrühstück abgreifen, wenn man sich einfach als Gast ausgibt. Das wollte ich selbst ausprobieren und setzte mich eines Sonntagmorgens einfach mal in den Frühstückssaal einer etablierten Hotelkette. Nach einigen Minuten kam die Kellnerin ...

Sie: »Sagen Sie mir bitte einmal Ihre Zimmernummer?«

Ich: »218.«

Sie: »Herr Nawasaki?«

Ich: »Das ist korrekt.«

Sie: »Sind Sie sicher?«

Ich: »Sie sagen jetzt besser nichts, oder wollen Sie hier in stereotype Klischees verfallen?«

Sie: »Ich meine ja nur, weil ...«

Ich: »*Weil?* Ja was – weil? Was erwarten Sie denn? Soll ich meine Augen zusammenkneifen? Grinsen? Soll ich mein Essen fotografieren? Soll ich hier rumwuseln und arbeiten?«

Sie: »Nein, es ist vielmehr ...«

Ich: »Soll ich mich vielleicht gelb anmalen? Ist es das, was Sie wollen? Nur her mit Ihren Klischees. Ich bediene sie gern. Das ist doch rassistisches Geschwafel, was Sie hier von sich geben ...«

Sie: »Ich meine ja nur. Herr Nawasaki aus Zimmer 218 sitzt zufällig am Nebentisch.«

Ich: »Nun gut. Ich schätze, das bringt mich jetzt in eine unangenehme Situation.«

Herr Nawasaki hat seinen Namen gehört und winkt uns zu. Er lächelt und macht ein Foto von uns.

Sie: »Eine Chance gebe ich Ihnen noch.«

Ich: »Zimmernummer 104.«

Sie: »Aha. Guten Morgen, Herr Yilmaz.«

Ich: »Einen Versuch war es wert.«

4

Schweiz, ein kleiner Kaffeestand am Zürichsee.

Ich: »Einen großen Kaffee, bitte.«

Er: »Sehr gerne. Das macht 15 Schweizer Franken.«

Ich: »Was? Das sind doch 14 Euro? Das ist ja Ausbeutung.«

Er: »Tut mir leid.«

Ich: »Für Sie, nicht für mich. Guter Mann, nehmen Sie fünfzig Schweizer Franken. Das kann man ja nicht mit ansehen.«

Er: »Wow. Das ist mir ja noch nie passiert.«

Ich: »Wissen Sie, ich bin ein sehr erfolgreicher deutscher Autor. Man muss auch mal was zurückgeben können.«

Er: »Arrogantes Arschloch.«

Gönnerisch lege ich dem Mann einen Schein auf den Tresen und gehe.

Er: »Was ist mit Ihrem Kaffee?«
Ich: »Trinken Sie ihn selbst. Er langweilt mich.«

So, das war ein kurzer Moment des Triumphes. Schönes Gefühl. Kommen wir zur Realität. Kann mir jemand fünfzig Schweizer Franken leihen?

5

Flughafen Zürich, ein Handy klingelt.

»Uwe, ich bin hier im Public Place. Kann ich dich von 'ner Private Venue zurückrufen?«

Kannste dir nicht ausdenken.

6

Berlin, eine Currywurstbude am Mehringdamm.

Ich: »Einmal Currywurst, Pommes, Majo, bitte.«
Mann: »Na, dit is ja mal 'ne Überraschung.«

Beim Zahlen lege ich dem Mann unter anderem auch einige Fünf-Cent-Stücke hin.

Mann: »Spiel ick hier wieder Schrottplatz, oder wat?«

7

Stuttgart, Hauptbahnhof. Am Bahnsteig sitzt eine junge Frau im Rollstuhl. Auf ihrem Schoß liegt eine Flasche Wasser. Sie wartet neben der bereits ausgefahrenen Rampe des Zuges auf das Bahnpersonal. Von der Seite nähert sich ein fremder Mann.

Er: »Kann ich Ihnen helfen?«
Sie: »Oh ja, das wäre lieb.«

Der Mann öffnet der Frau wortlos die Wasserflasche und geht.

8

Fürth, ich stehe rauchend vor dem Hotel, als mich ein Jugendlicher anspricht.

»Gnädiger Herr, dürfte ich Sie freundlichst um eine Zigarette bitten?«

Raue Sitten hier. Nicht meine Welt. Dabei habe ich extra meine kesse Skater-Cap aufgesetzt, um bei den Jugendlichen flippig rüberzukommen. Gnädiger Herr am Arsch.

9

Göttingen, Fußgängerzone.

Frau: »Ich wollte heute Abend Salat machen. Spezielle
   Wünsche?«
Mann: »Ja, Döner.«

10

Wuppertal Hauptbahnhof, am Bahnschalter.

Ich: »Ein Ticket nach Remscheid.«
Bahnmitarbeiter: »Das tut mir leid.«

11

Wernigerode, Hotelrezeption.

Ich: »Guten Tag, Salmen mein Name. Für mich wurde
   ein Zimmer reserviert.«
Frau: »Beruflich oder privat?«
Ich: »Beruflich.«
Frau: »Wat machen Se denn?«
Ich: »Ich habe heute Abend eine Lesung.«
Frau: »Hier im Hotel? Dat wüsst ich aber.«
Ich: »Nee, woanders.«
Frau: »Und wat wollen Se dann hier?«
Ich: »Übernachten wäre gut.«
Frau: »Na, muss ja jeder selber wissen.«

12

Im Taxi zum Magdeburger Hauptbahnhof.

Ich: »Einmal zum Bahnhof, bitte.«
Taxifahrer: »Sie verlassen unsere schöne Stadt?«
Ich: »Ja, ich war leider nur für einen Tag hier.«
Taxifahrer: »Sie leben meinen Traum.«

13

Dresden Neustadt, zwei Jugendliche stehen gelangweilt vor dem Supermarkt.

Der eine: »Ey, lass mal irgendwo hingehen.«
Sein Kumpel: »Ja, Mann. Geil.«

Hier haben die Menschen noch Ziele. Beneidenswert.

14

Wien, Flughafen. Das Pärchen neben mir zeigt auf die Kopfhörer eines schräg vor ihnen sitzenden Jugendlichen.

Mann: »Kuck mal! Sind das orthopädische Kopfhörer?«
Frau: »Wieso?«
Mann: »Weil da *Dr. Dre* draufsteht.«
Frau: »Hmm ...«
Mann: »Ob das die Kasse zahlt?«

Das ist Multifunktionsjacken-Manfred. Male ihm etwas Würde.

Frau: »Kannst ja mal beim HNO-Arzt nachfragen.«

Keine schlechte Idee. Beats by HNO-Arzt Dr. Ute Müller-Klettenberg.
Ein bisschen sperrig, aber schön.

15

Ein Marktplatz in Köln, klirrende Kälte.

Verkäufer: »Heiße Maroni! Heiße Maroni!«
Ein Mann nähert sich dem Stand. »Anjenehm. Und ich bin der Ralf.«

Die Mutter aller Fips-Asmussen-Witze ist gerade Realität geworden. Ich bin begeistert.

Meine schönsten Tour-Erlebnisse

1

Stuttgart, Rosenau.

»Herr Salmen, das war richtig toll. Ich musste zweimal schmunzeln.«
»Mensch! Gleich zweimal?«
»Das klingt wenig. Aber wissen Sie, ich bin ein sehr verbitterter Mensch.«

2

Leipzig, Täubchenthal.

Heute wurde ich während einer Show zum ersten Mal mit Unterwäsche beworfen. Für einen kurzen Moment fühlte ich mich wie eine in die Jahre gekommene, unrasierte Ruhrpott-Version von Justin Bieber. Klar, nimmste als Andenken mit, dachte ich mir. Machste später mal ein witziges Selfie für Instagram. Irgendwas Bescheuertes wird dir mit solch sexy Schlüpfern schon einfallen …

Am nächsten Vormittag im Hotelzimmer arrangiere ich die Unterwäsche also fein säuberlich auf dem Teppich und gehe in Richtung Bett, um mein Handy aus dem Rucksack zu holen. In diesem Moment klopft es an der Tür. »Catering!«

»Juhu, Essen!«, denke ich und öffne stürmisch die Tür. Zwei junge Damen stehen mit Kaffee, Obst und Snacks im Flur. »Sollen wir das einfach auf den Tisch stellen?« »Ja, gerne.«

Sie betreten das Zimmer. Eine der beiden Frauen schaut im Vorbeigehen skeptisch auf die akkurat aufgereihte rosafarbene Spitzenwäsche und mustert mich kritisch.

Ich: »Es ist nicht so, wie es aussieht.«
Sie: »Schon okay.«
Ich: »Die sind von ...«
Sie: *»Junger Mann, das ist ein freies Land.«*

Die Damen verlassen den Raum. Im Flur höre ich sie noch leise flüstern: »Künstler, sehr eigene Leute.« »Hmm, alle bekloppt.«

Ich fürchte, aus der Nummer komme ich nicht mehr raus.

3

Erfurt, nach der Lesung kommt ein junges Mädchen (circa fünfzehn Jahre alt) zu mir.

»Sie erinnern mich in Ihrer Art an meinen toten Großvater.«

Welch aufbauende Worte!

4

Winterthur, ein junges Paar unterhält sich während der Pause über die Lesung. Ich lausche derweil am offenen Fenster direkt über ihnen.

Er: »Das war so großartig. Ich liebe billige Unterhaltung.«

Sie: »Da war aber auch viel Anspruchsvolles dabei.«

Er: »Komm, ich bitte dich. Alleine die Wortspiele.«

Sie: »Okay, die waren wirklich billig.«

Er: »Und die Geschichten …«

Sie: »Hmm …«

Er: »Und die Anekdoten!«

Sie: »Hmm …« *Pause.* »Stimmt, so anspruchsvoll war es nicht.«

Er: »Aber die Gedichte waren schön.«

Sie: »Ja, die waren schön!«

Er: »Sehr schön sogar.«

5

Ein Theater in Frankfurt, ich halte mich im Backstage-Bereich auf. Durchs offene Fenster kann ich eine leise Unterhaltung mithören.

Mann: »Dieser Salmen, kann der was?«

Frau: »Kommt auf Ihren Humor an. Also ich finde den Kerl super.«

Mann: »Hmm …«

Frau: »Wenn Sie ihn nicht kennen, warum haben Sie dann Karten gekauft?«

Mann: »Ach, Bauchredner finde ich eigentlich immer witzig.«

Ich kenne jemanden, der heute Abend ziemlich enttäuscht nach Hause geht. Auf der anderen Seite bleiben mir aber noch entspannte vierzig Minuten, um Bauchreden zu lernen. Da bin ich Ehrenmann.

6

Bochum, Hauptbahnhof.

Mann: »Entschuldigung, können wir vielleicht ein Selfie machen?«
Ich: »Aber gerne doch.«
Mann: »War 'n Scherz. So hübsch biste auch wieder nicht.«

Ach, Ruhrgebiet.

7

Essen, ein Taxistand am Bahnhof.

Mann: »Hey! Du bist doch dieser Typ.«
Ich: »Schätze schon.«
Mann: »Der von YouTube.«
Ich: »Genau der.«
Mann: »Geile Nummer! Hier, Dingens, das mit dem Bärenkatapult.«

Ich: »Sie meinen meinen Kollegen Jan-Philipp Zymny.«
Mann: »Oh, das ist jetzt peinlich.«
Ich: »Gar kein Problem.«
Pause.
Mann: »Stimmt! Du bist der mit dem Känguru.«
Ich: »Das ist Marc-Uwe Kling.«
Mann: »Ach, ist doch alles dieselbe Scheiße!«

8

*Kaiserslautern, nach der Lesung kommt ein Zuschauer
zu mir.*

»Ich musste ganz oft lachen. Aber ich habe keinen Schim-
mer, warum …«
»Weil Sie's witzig fanden?«
»Nee, eben nicht. Sie sind ja jetzt nicht wirklich witzig.«
»Hmm …«
»Also, irgendwie schon. Aber das, was Sie erzählen, das
hat ja nie eine Pointe. Man denkt immer, es wäre ein
Witz, aber dann kommt da nichts.«
»Aha.«
»Also wenn das Absicht ist, ist es genial.«

Endlich mal jemand, der meine Kunst versteht.

9

Taxistand am Hamburger Hauptbahnhof.

Ich: »Einmal zum Literaturhaus bitte.«
Taxifahrer: »Was schauen Sie sich denn an?«
Ich: »Ich habe heute eine Lesung dort.«
Taxifahrer: »Sie machen das hauptberuflich?«
Ich: »Ja. Und Sie?«
Taxifahrer: »Taxifahrer.«
Ich: »Hätte man ahnen können.«

10

Bei einer Lesung in Berlin.

Ich: »Als Nächstes würde ich gerne ein paar Gedichte
   vorlesen.«
Mann schreiend aus dem Publikum: »Boah! Nöööö!«

Endlich wird wieder richtig gepöbelt.

11

Heute erzählte mir eine Frau nach der Lesung in Essen,
dass ihre kleine Tochter jeden Abend mein Hörbuch zum
Einschlafen höre und ich für sie die »neue Bibi Blocks-
berg« sei. Das ehrt mich natürlich immens und ich denke
nun über ein Remake des alten Klassikers nach. Mögliche Folgen:

- Bibi hat eine Axt
- Bibi stand auf und tötete alle
- Bibi und Gondel-Ulf in Venedig
- Bibi und der garstige Wutbold
- Bibi und die Legitimationschinesen

Bibis neue sonore und brummige Stimme könnte man den Kindern in der Pilotfolge »Bibi und der Schnapsschrank« oder »Bibi als Kettenraucher« erklären. Ich denke da mal in Ruhe drüber nach.

Bis bald, eure Bibi Blocksbart

12

Buchmesse Leipzig, in der Eingangshalle spricht mich ein Mann an.

Er: »Sie sind doch Autor. Können Sie mich eventuell an einen guten Verlag vermitteln?«
Ich: »Was schreiben Sie denn?«
Er: »Buddhistische Weisheiten.«
Ich: »Sie sind Buddhist?«
Er: »Nein.«
Ich: »Aber weise?«
Er: »Nein.«
Ich: »Und warum schreiben Sie dann buddhistische Weisheiten?«
Er: »Da erwischen Sie mich jetzt auf dem falschen Fuß.«
Ich: »Können Sie mir denn ein Beispiel geben?«
Er: »Ich hab noch nicht angefangen.«

Ich: »Da kann ich Ihnen leider auch nicht helfen.«
Er: »Schade.«

13

Signierwunsch am Büchertisch.

Ich: »Was darf ich denn reinschreiben?«
Mann: »Mein Freund sitzt seit zwei Wochen im Rollstuhl. Schreiben Sie: Bleib standhaft, du Ficker.«

14

*Stuttgart, Rosenau. Bin etwas zu früh und warte vor der
Location auf das Personal. Im Innenhof hängt ein großes
Plakat mit dem Titel meines Programms. Ein älteres Ehe-
paar bleibt davor stehen.*

Der Mann: »Schau mal, Elke. *Genauer betrachtet sind
Menschen auch nur Leute.* Lustiger Titel!«
Seine Frau: »Oh! Das klingt aber pfiffig. «

Ich lache länger, als ich wahrscheinlich sollte, und freue
mich, endlich als pfiffiger Autor wahrgenommen zu werden.

Erlangen. Neben mir an der Fußgängerampel steht ein Mann und mustert mich prüfend.

Mann: »Entschuldigung, Sie sind doch Patrick Salmen?«
Ich: »Ja, das stimmt.«
Mann: »Schöner Zufall. Ich verfolge Sie schon seit Langem.«
Ich: »Danke. Das freut mich.«
Mann: »Aber ich finde, Sie haben stark nachgelassen. Früher waren Sie irgendwie dynamischer.«
Ich *(beleidigt):* »Aha. Sie aber auch. Geht bergab mit Ihnen.«
Mann: »Ich bin Elektriker.«
Ich: »Früher waren Sie irgendwie authentischer.«
Mann: »Woher wissen Sie das?«
Ich: »Ich verfolge Sie schon seit Langem.«
Mann: »Jetzt habe ich Angst.«

16

Nürnberg. Ich stehe am Hauptbahnhof, als mir plötzlich ein Mann entgegenkommt. Er sieht mich an, überlegt kurz und geht dann weiter. Wenige Sekunden später höre ich von Weitem: »Baaaaarrrrrtttttt! Baaaaarrrrrtttttt!« *Dann kommt er erneut auf mich zu …*

Er: »Entschuldigung, sind Sie Patrick Salmen?«
Ich: »Schätze schon.«
Er: »Was für ein Zufall. Ich habe Karten für heute Abend. Ich wollte Sie schon immer mal live sehen.«

Ich: »Das ist doch super. Dann treffen wir uns ja gleich schon wieder.«

Er: »Nee, ich komme nicht.«

Ich: »Wieso?«

Er: »Jetzt hab ich Sie ja schon live gesehen. Das reicht doch für den Anfang. Lesungen sind eh nicht so meins.«

Ich: »Viele gute Beziehungen beruhen auf Abstand.«

Wir verabschieden uns. Der Mann verschwindet. Ein letztes Mal höre ich von Weitem ein sonores »*Baaaarrrrtttt.*« Sein Platz blieb am Abend tatsächlich leer. Ich bin noch immer verwirrt.

17

Hamburg, Fußgängerzone

Mann: »Entschuldigung, Sie sind doch Patrick Salmen?«

Ich: »Das stimmt wohl.«

Mann: »Wollt' ich nur wissen. Tschüss.«

Diese aufdringlichen Fans sind auch nicht mehr das, was sie mal waren. Vor lauter Hysterie hab ich mir selbst ein Autogramm gegeben und ganz aufgeregt gekreischt.

18

»Live sind Sie viel netter als im Internet.«
»Danke. Das freut mich zu hören.«
»Nee, ich find das kacke.«

(Zuschauerkritik aus Essen)

19

Fürth, Kulturzentrum Kofferfabrik. Eine junge Frau kommt kurz vor der Show zu mir.

»Waren Sie vorhin am Bahnhof?«
»Ja, gegen 15 Uhr.«
»Ich wollte Sie eigentlich ansprechen, war mir aber nicht sicher, ob Sie es wirklich sind ... Sie haben ja so ein Allerweltsgesicht.«

Komplimente können sie hier.

20

Eine halbe Stunde vor meiner Lesung.
Ich stehe in Lüneburg vor dem Club und rauche eine letzte Zigarette.

Typ: »Alter, krass. Du siehst aus wie Patrick Salmen.«
Ich: »Wer?«
Typ: »Der tritt hier gleich auf.«

Ich: »Und ist der gut?«
Typ: »Joa, geht. Bisschen flach.«

Alles Banausen hier. Ich bin empört.

21

Seltsamer Tagtraum im Backstage-Bereich: Ich habe eine Lesung in China. Im Publikum sitzen insgesamt fünf Personen. Drei davon sind Chinesen und verstehen kein Wort, obwohl ich fließend Fantasiechinesisch spreche.
Die anderen beiden erzählen mir nach der Show, sie seien extra aus Zwickau angereist, weil ich dort ja noch nie aufgetreten sei. Wirklich schade fänden sie es aber, dass die gesamte Show auf Chinesisch gewesen sei und sie nun kein Wort verstanden hätten. Anschließend fahren wir mit meinem Auto gemeinsam nach Hause und sind in nur 15 Minuten wieder im Ruhrgebiet, wo ich sie zur Wiedergutmachung zu Käsehäppchen und Wein einlade.

Ich bin nun halbwegs wach und sehr verwirrt. Als akute Maßnahme gegen mögliches Fernweh habe ich direkt mal eine Reise gebucht und freue mich nun auf zwei Wochen Pauschalurlaub in Zwickau.

22

Dialog am Büchertisch nach der Lesung in Dresden.

Mann: »Einmal mit Widmung, bitte. Und jetzt halt dich fest ... Für *Patrick!*«

Ich: »Okay.«

Mann: »Ist das nicht witzig?«

Ich: »Sollte es witzig sein?«

Mann: »Hallo!? Ich heiße halt *auch* Patrick.

Typ in der Schlange: »Nee, das ist überhaupt nicht witzig. Ich heiße Ronny. *Das* ist witzig.«

23

Zuschauerkritik

Typ: »Letztlich basiert Ihr Humor ausschließlich auf Menschenhass und schlechten Wortspielen.«

Ich: »Hmm ...«

Typ: »Mit anderen Worten: Ich bin Ihr größter Fan!«

24

Berlin, nach der Generalprobe einer TV-Aufzeichnung.

Programmleiter: »Es wäre gut, wenn Sie während Ihres Auftritts ein wenig in die Kamera lächeln könnten.«

Ich: »Ich habe doch gelächelt.«

Er: »Sie haben gegrummelt.«

Ich: »Es war ein euphorisches Grummeln.«

Er: »Nein, es war ein grummeliges Grummeln.«

Ich: »Aber ist denn ein grummeliges Grummeln nicht schon wieder fast ein Lächeln?«

Er: »Ein ironisches Lächeln?«

Ich: »So in der Art.«

Er: »Nein.«

Ich: »Hmm ...«

Er: »Dann lächeln Sie doch wenigstens einmal für mich.«

Ich: »Ich lächle bereits.«

Er: »Ach, Sie sind innerlich doch längst tot.«

25

Berlin, TV-Aufzeichnung, kurze Zeit später ...

Frau: »Herr Salmen in die Maske bitte!«

Ich: »Ich eile.«

Frau: »Die Cappy haben Sie aber gleich nicht auf, oder?«

Ich: »Äh, doch.«

Frau: »Hihi. Das ist ja frech.«

26

Ich habe vorhin eine unverbindliche Anfrage für die Sendung »Mieten, Kaufen, Wohnen« erhalten. Jetzt spiele ich mit dem Gedanken, ob ich ...

a) einen kläglichen Rest meiner Würde behalten möchte und mich dem Trash-TV der Mittelschicht ganz unspektakulär entziehe;

b) das Spiel einfach mitspiele und in der Sendung den irren Psychopathen mime, der ständig mit einer Axt hinter irgendwelchen Möbeln hervorspringt und dabei gehässig lacht;

c) in jeden zweiten Satz einfließen lasse, dass ich der Doppelgänger von einem gewissen Patrick Salmen sei und dass mich das anfangs zwar ziemlich gestört habe, ich dann aber alle seine Bücher gelesen hätte und sie nun bedingungslos abfeiere. Subtil würde ich dabei alle Werke in die Kamera halten. Außerdem würde ich an geeigneter Stelle anmerken, dass ich gehört habe, dass dieser Patrick Salmen privat unwahrscheinlich sympathisch und zudem ein großartiger Liebhaber sei.

Ich tendiere zu Letzterem, fürchte aber, dass ich ein unwahrscheinlich schlechter Lügner bin und ständig kichern müsste. Ein Dilemma.

Patricks kleines Maklerbüro *oder* Zehn Gründe, warum sie mich bei Engel & Völkers rausgeschmissen haben

Inspiriert von Immobilienanzeigen mit Titeln wie »Träumchen mit Räumchen« folgen hier ein paar weitere Vorschläge aus meiner Feder:

- Plattenbau in Rattengrau
- »Oh, Sybille! Wohnidylle«
- Geht durch die Decke: Maisonette mit Wendeltreppe
- Der eine steht auf, der andere Penthouse
- Villa oder will er nicht?
- Kamin and find out
- Ein Stuck vom Glück
- Altbaucharme in die Luft!
- Zweisam neue WG beschreiten
- Lieber Dielen als anschaffen
- Loft bei dir

Der Körperteile-Song

Papa sein ist bisweilen unfassbar großartig und inspirierend. Neulich habe ich mir zum Beispiel ein paar fetzige Lieder und Merksprüche ausgedacht. Das Kind versteht zwar kein Wort, trotzdem spüre ich eine innere Begeisterung.

Bisheriges Highlight: Der Körperteile-Song. Hier ein Auszug zur freien Verwendung.

Strophe 1:

Das ist der Fuß – ganz voller Ruß
Das ist die Hand – die steckt im Sand
Das ist der Kopf – klopf, klopf
Das ist der Rumpf – jetzt macht es plumpf

(Am Ende der Strophe das Kind fallen lassen. Höhe und Untergrund je nach Beliebtheitsgrad modifizierbar)

Refrain:

Das ist der Körperteile-Song
and we sing it all night long –
Körperteile! Körperteile!
Und ist das Leben manchmal schwer,
Körperteile in the air –
Körperteile! Körperteile!

Strophe 2:

Das ist die Stirn – da vorm Gehirn
Das ist der Mund – der ist ganz rund

Das ist das Ohr – und jetzt im Chor
Das ist die Nase – Seifenblaaaase, komm heraus

(An dieser Stelle mit der Hand ein O formen und eine Seifenblase aus der Nase holen)

UND JETZT ALLE: Das ist der Körperteile-Song ...

Weiter bin ich noch nicht. Kann jemand Noten schreiben? Weitere Titel sind auch schon in Arbeit. Bald folgt dann »Der Bauchweh-Blähungs-Blues«. Kann nur super werden. Ich fühle mich wie eine Mischung aus DJ Bobo und Charlie Harper.

Bad Verse Battle

Kommen wir zu einem Programmpunkt der Delayed Night Show, zu dem uns das erfolgreiche Battle-Rap-Format »Bad Bars Battle« inspiriert hat und bei dem mein geschätzter Freund und Kollege Quichotte und ich uns direkt duellieren. Der klassische Wie-Vergleich soll dabei möglichst auf die Spitze getrieben werden. Je abwegiger, desto besser. Hier ein paar Auszüge meiner Stophen …

Du willst dich battlen, mein Sohn? Welch kindliche Schandtat
Ich bin wie der Jakobsweg, Bitch: ziemlich bewandert
Ich kenn keine Gnade, wenn mich dieser Stricher verscheißert
Da bin ich wie ein Spukschloss am helllichten Tag: nicht sehr begeistert
Kuck dich mal an. Du bist ein elender Lauch
Und wie ein tollpatschiger Gärtner – stehst auf dem Schlauch
Du devoter Knecht kriegst vom Bücken schon Hautschurf
Du bleibst für immer Untergrund wie ein schüchterner Maulwurf
Eilbrief, Bitch. Ich schick dir Hund 'ne Depesche
Du bist wie Textiletiketten – guckst dumm aus der Wäsche
Du bist nur Randfigur, Boy. Merk dir mein Wort
Ich steh im Fokus wie ein Zwerg in 'nem Ford

Heul nicht rum, ich bin sie satt, deine Leier
Du bist wie Attila Hildmans Kühlschrank – hast keine Eier

Streng dich mal an, Boy. Es wird jetzt höchste Eisenbahn
Du hast ein Buch geschrieben – am besten waren die Seitenzahlen
Verwarnung, mein Schnutz. Du kriegst eine Knolle
Du bist wie Brad Pitt im Urlaub – spielst keine Rolle
Du kleiner Busfahrerkeck, nimm deine Schusswaffe weg
Dein Erfolg ist längst vergangen, Junge. Plusquamperfekt
Du willst gewaltfrei agieren, ein kleiner Gandhi-Buddha bleiben?
Doch bist nur resignierend, als würdest du auf Bambi unterschreiben
Kuck mal, du siehst aus wie Gletschermumien, Bengel
Und stehst hier vor dem Master, so wie Bachelorstudiengänge

Was willst du Bengel von mir mit deinen kindischen Strophen?
Du bist wie 'ne Flinte am Schießstand – ziemlich verzogen
Du willst mein Geld haben, Boy? Das ist Zeitvergeudung
Ich halt die Kröten zusammen wie eine Teichumzäunung
Du bist zerknittert, lass dir die Gesichtszüge liften
Ich bin dir auf den Fersen wie Gedichtüberschriften
Du bist wie Dreck, der mir gestern erst mein Sofa verschmutzte
Und fällst mir in den Rücken – wie 'ne Pulloverkapuze
Mein Harem schickt dich weg, lässt dir ein Wegbier übrig
Denn meine Ladys sind Sonette wie Shakespeare-Lyrik
Du bist ein Lappen, Boy, doch hast vergessen zu wischen
Deine Zähne sind wie Bochum und Duisburg – da ist noch Essen dazwischen

Die kurze Geschichte
einer langen Liebe

Junge Menschen seien nicht mehr beziehungsfähig, heißt es oft. Angst vor Bindung, eine schier immense Auswahl an potenziell besseren Partnern, sexuelle Selbstverwirklichung, der Wunsch nach Unabhängigkeit – die Argumente sind mannigfaltig. Trotz allem bleibt die tief verwurzelte Sehnsucht nach der klassischen Ehe und dem Gefühl trauter Zweisamkeit. Das Modell der Zukunft kann also nur folgendes Konzept sein: Die Tages-Ehe. Hier ein Selbstversuch.

10.00 Uhr. Ich kann es nicht länger geheim halten: Sybille und ich sind jetzt ein Paar. Unsere Beziehung verläuft bisweilen recht harmonisch. Heute Morgen haben wir bei Sonnenaufgang im Wald Zweige gesammelt, aus denen wir fesche Accessoires für unsere neue gemeinsame Wohnung gebastelt haben.

Am Vormittag haben wir Kekse gebacken, gekichert und in gemeinsamen Erinnerungen geschwelgt. Zum Beispiel haben wir daran gedacht, wie wir heute Morgen im Wald Zweige gesammelt haben. Das war super.

Erinnerungen sind das Fundament einer Beziehung, sagt Sybille immer. Denn wenn man sich mal nichts mehr zu erzählen hat, kann man wenigstens immer sagen: »Hach, weißt du noch früher? Das war toll.« Auch wenn es früher schon scheiße war, aber wie heißt es so schön: »Ein noch größeres Fundament als die Erinnerung ist die Vergesslichkeit.«

12.00 Uhr. Wir sind jetzt eine kleine glückliche Pinterest-Familie. Wir liegen auf dem Dielenboden unserer Altbauwohnung, essen vegane Pancakes und knutschen. »Endlich Quality Time«, sagt Sybille und schmiegt sich an mich. Ich schicke sie zur Strafe erneut in den Keller, weil sie »Quality Time« gesagt hat und ständig in Hashtags redet. Wenig später lasse ich sie wieder hoch und wir haben wilden Blümchensex. Yeah!

13.00 Uhr. Wir feiern Hochzeit auf der Online-Plattform *www.one-day-wedding.de.* Alle unsere Facebook-Freunde sind gekommen. Die beiden sind genauso aufgeregt wie wir, als Siri per Live-Chat eine emotionale Rede hält. Daumen nach oben. Allen gefällt das. Der schönste Tag unseres Lebens.

14.00 Uhr. Wir sind jetzt schon seit vier Stunden zusammen und machen alles gemeinsam. Als Zeichen unseres Zusammenhaltes haben wir uns statt Ringen den Autoaufkleber *Sybille und Patrick in Love* und gleichfarbige Multifunktionsjacken gekauft. Es ist nur ein kleines Zeichen, das unserer Liebe aber niemals gerecht werden kann. Denn die wahre Multifunktionsjacke trägt man im Herzen. Ich weiß, Sie werden jetzt denken »OMG. Wie süß ist das denn?«, aber ich habe mich selten so sicher gefühlt.

16.00 Uhr. Das ging jetzt schneller als gedacht, aber wir haben seit wenigen Minuten einen gemeinsamen Sohn. Er heißt Wutbold II, ist 43 Jahre alt und arbeitet hauptberuflich als kanadischer Holzfäller. Offiziell ist er der erste Neugeborene, der älter als seine eigene Mutter ist. Ein

Wunder der Natur. Aiman Abdallah und Ranga Yogesh-
war stehen bereits vor der Haustür und wollen Exklusiv-
interviews führen. Wutbold holt seine Axt und spaltet
beiden den Schädel.

»Sybille, komm mal«, rufe ich. »Das fetzt hier stim-
mungsmäßig derbe ab.«

»Hast du gerade ›abfetzen‹ gesagt?«, fragt Sybille und
schickt mich zur Strafe in den Keller.

18.00 Uhr. Irgendwie haben wir uns auseinandergelebt.
Sybille hat zwar sehr süße Ohren, aber ein äußerst schril-
les Organ. Das belastet mich. Vielleicht ging doch alles
zu schnell. Aber wohin mit Wutbold? Er ist mittlerweile
63 Jahre alt und pensionierter Frührentner. Ein bisschen
erinnert mich sein Alterungsprozess an Benjamin Button. Nur verkehrt herum. Also eigentlich wie bei jedem
anderen Menschen. Nur eben schneller. Das macht alles
keinen Sinn, denke ich, und entlasse ihn in die Freiheit.
»Flieg, Kleiner!«, sage ich, und Wutbold schwimmt los.

20.00 Uhr. Scarlett Johansson kratzt sehnsüchtig an der
Haustür und möchte mich zurückgewinnen. Ich habe sie
vor einiger Zeit verlassen, weil sie mir zu sehr geklam-
mert hat. Hach, meine Scarlett, denke ich, du bist so süß,
wenn du sauer bist. Ich öffne die Tür und wir knutschen.

22.00 Uhr. Sybille ist schrecklich eifersüchtig und möchte die Scheidung. Rosenkrieg, Online-Gerichtstermin,
Sie kennen das. Ich zahle Sybille per PayPal eine ange-
messene Abfindung in Höhe von einem Euro fünfzig. Un-
terhalt für Wutbold wird nicht fällig, da er bereits Ries-
ter-Rente bezieht und seinen Bausparvertrag aufgelöst

hat. Inzwischen ist er 128 Jahre alt und der älteste Mensch der Welt. Ob er wohl jemals wiederkommt? Gott hab ihn selig.

24.00 Uhr. Ich weine viel und fühle mich schrecklich einsam. Oft denke ich an die schöne Zeit, die Sybille und ich hatten. Scarlett ist schrecklich oberflächlich und kann mit Sybilles emotionaler Tiefe bei Weitem nicht mithalten. Zweige haben wir auch noch nie zusammen gesammelt und Funktionsjacken empfindet sie als, ich zitiere, »würdelos«. Ach, Sybille! Vielleicht hätten wir kämpfen sollen. Wer weiß das schon? Ich hebe mein Glas auf dich. Auf die Liebe! Auf die Erinnerung! Sie ist alles, was uns bleibt.

Patricks Ratgeberecke Teil 4 – Wie Sie auf Buchmessen als seriöser Mensch wahrgenommen werden

1. Vermeiden Sie Smalltalk. Sollte sich ein kurzes Gespräch nicht vermeiden lassen, nutzen Sie Floskeln wie »Ich wünschte, ich hätte Zeit, alle diese Bücher zu lesen« oder »Ich wollte mir gerade einen Kaffee kaufen, aber ich glaube, dazu müsste ich einen Kredit aufnehmen«. Lächeln Sie dabei. Sie haben etwas sehr Intelligentes gesagt und dürfen sich gerne auf Ihren Lorbeeren ausruhen. Sollte Ihnen nach dem ersten »Wie geht's? Lange nicht gesehen« nichts mehr einfallen, rennen Sie einfach weg. Im dichten Gewühl der Messe wird man Sie vorerst nicht finden.

2. Blicken Sie grimmig drein. Wenn Menschen über Literatur sprechen, müssen sie den gesamten ihnen innewohnenden Weltschmerz im Gesicht tragen. Denn: Lesen ist Hingabe und Aufopferung. Literatur ist nicht witzig!

3. Verachten Sie alles, was Sie in den Bestseller-Listen finden. Das ist Popkultur! Das ist Mist! Das ist gefällige Kackscheiße!

4. Tragen Sie einen Künstlerschal. Menschen werden Sie für einen gebildeten *ZEIT*-Feuilletonleser halten. Achten Sie dabei nicht auf Außentemperaturen. Sollten Sie keinen Künstlerschal besitzen, greifen sie zum

bewährten Künstlerhandschuh oder alternativ zum Künstlerstirnband. Lassen Sie sich von skeptischen Blicken auf Ihr kesses Stirnband nicht verunsichern. Das kommt wieder in Mode und Sie werden der Erste sein und zur Avantgarde gehören.

5. Schimpfen Sie bei jeder Gelegenheit über die Messe-zustände. Nuscheln Sie dabei Dinge wie »Ich hasse Menschen!«, »Ich hasse Massen!« oder »Ich hasse Messen!«. Brüllen Sie: »Warum gibt es nicht gleich eine Messe, auf der Menschenmassen ausgestellt werden? Glaubt mir, ich würde Menschenmassenmessen hassen!« Beenden Sie Gespräche mit den Sätzen »Jedes Jahr das Gleiche« oder »Dass es dieses Mal so voll wird, konnte ja keiner ahnen«.

6. Wenn Sie über den Erzählton von moderner Literatur sprechen, verwenden Sie auf keinen Fall das Wort »frech«. Benutzen Sie Wörter wie »schnoddrig« oder »rotzig«. Bedienen Sie sich aus dem bunten Katalog der Terminologien Ihres HNO-Arztes. Möglich sind auch »triefend«, »bronchial« oder »mit schleimigem Auswurf«.

7. Meckern Sie ununterbrochen über die Cosplayer. Schimpfen Sie »Dass da Minderjährige so kurze Röcke tragen müssen!«, »Das ist doch völlige Realitätsflucht!« oder »Da sieht man ja mehr Ausschnitte als bei einem halbstündigen Kinotrailer!«. Dämpfen Sie Ihre Aussage, indem Sie ein »Aber süß sind die ja schon« oder »Mühe geben sie sich wirklich« anfügen. Wichtig: Besuchen Sie niemals die Cosplay-Halle.

Das haben Sie nicht nötig. Biedern Sie sich nicht an. Besuchen Sie stattdessen eine Podiumsdiskussion zum Thema *Integration in der Kulturlandschaft* und nicken Sie, wenn es mal wieder heißt: »Wir dürfen nicht zulassen, dass sich Parallelgesellschaften bilden. Wir müssen lernen, offen aufeinander zuzugehen.« Nicken Sie verständig, denn das ist Ihr Credo.

8. Erzählen Sie von Ihrem Bücherblog *Lesen fetzt!*, auf dem Sie neueste Gegenwartsromane vorstellen, deren Buchcover Sie neben einer geblümten Teetasse auf Ihrem Bett oder dem Dielenboden fotografieren. Reich-Ranicki lebt. Sollten Sie kein Blogger-Typ sein, nehmen Sie sich vor, nach der Messe einen Lesekreis zu gründen. Möglicher Name: »Kord in the Act« oder »LiterRadtour – Lesen auf dem Fixiebike«

9. Schimpfen Sie über Ratgeber! Sagen Sie Sachen wie »Das nimmt wirklich überhand«, »Die Scheiße braucht doch kein Mensch« oder »Jeder verfickte Z-Promi glaubt, einen x-beliebigen Ratgeber über Babys, Yoga und veganen Lifestyle schreiben zu müssen. Ich halte das nicht mehr aus!«. Sie haben ja recht, also zeigen Sie es den Trotteln, indem Sie selbst einen Ratgeber schreiben. Möglicher Titel: »Yoga für vegan lebende Babys«. Diese Form von Yoga verzichtet während der Durchführung auf die Aufnahme tierischer Nahrungsmittel, ist also eigentlich genauso wie normales Yoga. Aber das muss ja keiner wissen. Nächstes Jahr werden Sie mit diesem vollkommen neuen Ansatz durch die Decke gehen und den Neid der Massen auf sich ziehen.

PS: Sollte Ihr Small-Talk-Partner Sie inzwischen wieder-
gefunden haben, überraschen Sie ihn mit einer unerwar-
teten Gegenfrage: »Stell dir vor, du würdest eine Million
Euro im Lotto gewinnen, hättest aber nur einen Tag Zeit,
dein Geld auszugeben, und jemand würde dich dann
nach drei Gegenständen fragen, die du mit auf eine ein-
same Insel nehmen würdest, was wäre deine Lieblings-
farbe?«

Nutzen Sie die Verunsicherung, um erneut wegzuren-
nen. Mehr praktische Tipps demnächst in meinem Ratgeber »Generation Ratgeber – Wenn ich noch einmal das
Wort Generation höre, kotze ich im Strahl«.

Telefonat mit der Lektorin

Ich: »Ich würde dem neuen Buch gerne noch ein paar Zeichnungen beifügen.«

Lektorin: »Klar, gute Idee.«

Ich: »Habt ihr da eventuell einen guten Illustrator für?«

Lektorin: »Es wäre doch viel lustiger, wenn du das selber machen würdest.«

Ich: »Ich kann aber nicht zeichnen.«

Lektorin: »Ach, umso lustiger. So schlimm wird es schon nicht werden.«

Drei Tage später. Die Grafikabteilung vom Verlag ruft an.

Mann: »Ich habe da ein paar Fragen zu den Zeichnungen.«

Ich: »Und zwar?«

Er: »Bei dem Reh ist eine Sprechblase mit *Quak! Quak!*«

Ich: »Das ist korrekt.«

Er: »Warum?«

Ich: »Es ist eine Ente.«

Er: »Und bei einem anderen Reh steht *Wuff! Wuff!*«

Ich: »Das wiederum ist ein Hund.«

Er: »Kann es sein, dass man deine Tiere nur durch die Sprechblasen unterscheiden kann?«

Ich: »Ich habe nie behauptet, zeichnen zu können. Es gibt eben ein Grundtier. Ich könnte den Namen ja noch daneben schreiben.«

Er: »Wir nehmen wohl doch besser einen Illustrator.«

Ich: »Man kann sich aber auch anstellen.«

Patrick Salmen

Das Landhaus der Lust

Ein erotischer Groschenroman

~ LESEPROBE ~

Textauszug:

Es ist ein milder Juliabend in Avignon. Die Grillen zirpen und die Zirpen grillen, während sich Patrice Salmôn auf der Chaiselongue in seiner Bibliothek – dem Herzstück seines Landhauses – räkelt und sich von seiner Bediensteten mit Weintrauben füttern lässt. Ein Tag wie jeder andere, hier in der malerischen Idylle der Provence.

Wir wollen mehr erfahren über das aufregende Leben des bescheidenen Lyrikers und werfen einen Blick durch das Schlüsselloch.

Unter dem schwachen Lichtkegel des Kristallkronleuchters liegt er da, der Dichterfürst Patrice Salmôn, und nuschelt kryptische Verse in seinen Bart.

»Das ist gut! Das ist gut! Schreiben Sie das auf, Madame!«, frohlockt er, als mal wieder ein Geistesblitz seinen Genius heimsucht und ihn jubilieren lässt.

»Sie sind immer so klug, Monsieur Salmôn. Den ganzen Tag sagen Sie solch schlaue Sachen, weil Sie so ein poetischer Feingeist sind.«

»Hach, Aurélie, und Sie sind so hübsch«, antwortet Patrice und nickt ihr wohlwollend zu. »Wären Sie so lieb, dieses Buch oben ins Regal zu stellen?«

Aurélie beginnt, auf ihren federleichten Ballerinas die Sprossen zu erklimmen, um zum oberen Bereich des Bibliothekturms zu gelangen, wo Patrice Salmôn für gewöhnlich die ihm nicht ebenbürtige Trivialliteratur von Autoren wie Camus und Sartre aufbewahrt. Patrice blickt

derweil verträumt auf das zartweiße Spitzenunterhös-
chen, dessen Hauch von Nichts sich unter Aurélies viel
zu kurzem Rock offenbart.

»Herr Salmôn«, sagt Aurélie, als sie ~~mich~~ ihn ertappt.
»Sie kleiner Lümmel!«

»Arthur est un perroquet«, lacht Patrice. »Tu t'appelles
comment?«

»Aurélie«, sagt Aurélie. »Et qui est Arthur?«

»Je ne sais pas«, antwortet Patrice und beschließt, fortan
wieder in seiner Muttersprache zu sprechen.

»Bitte lesen Sie mir meinen Kalender vor, so wie Sie es
jeden Abend tun«, sagt Patrice, als Aurélie wieder bei
ihm ist. Sie trägt mittlerweile ein bordeauxrotes Negligé,
dessen hauchdünner Schleier sich wie eine Kumulus-
wolke der Lust über ihre himmlischen Hüften legt.

»Nun, wie Sie wissen, bekommen Sie morgen den Litera-
turnobelpreis für Ihr Lebenswerk verliehen«, sagt Aurélie.
»Haben Sie sich schon entschieden, welchen Anzug Sie
tragen werden? Aber wie Sie sich auch entscheiden – Sie
sehen immer wunderschön aus. Denn Sie sind nicht nur
ein lyrischer Ausnahmekünstler, humorvoll und gebildet,
sondern zudem äußerst attraktiv und durchtrainiert.«

»Hach, Aurélie! Und Sie sind puderzuckersüß. Seien Sie
doch so lieb und holen mir den gewöhnlichen Hermès-
Smoking aus dem Ankleidezimmer. Ich möchte nicht damit prahlen, dass ich ein wohlhabender Schriftsteller
bin. Der Neid vergiftet die Leute. Außerdem sollen sie
mich nicht für abgehoben halten.«

»Sie sind ja auch kein Hubschrauber«, lacht Aurélie.
»Obwohl Sie mich manchmal ganz schön schwindelig
machen.«
Hach, er liebt ihren subtilen Wortwitz.

Als Aurélie ihren Blick kurz aus dem Fenster schweifen
lässt, sieht sie den nach einem Mürbeteiggericht benann-
ten Gärtner und Hofnarren Quiche Lorraine-Otté, der im
Garten schwitzend seinem Tagwerk nachgeht. »Hach,
Monsieur Salmôn. Es ist so herzerwärmend, dass Sie den
armen Jungen von der Straße geholt haben und er nun
endlich eine sinnvolle Aufgabe hat. Wenn er doch nur
nicht immer diese Lieder singen würde. Mir ist, als würde er ganz allmählich durchdrehen. So wie ein … Na ja,
auch wie ein Hubschrauber.«
»Schreiben Sie das auf«, sagt Patrice. »Ein Hubschrauber
ist die Metapher für alles. Und jetzt holen Sie mir den
Anzug.«

Wenig später ~~stehe ich~~ steht Patrice Salmôn vor dem
Spiegel, während Aurélie sich von hinten an seinen Rücken schmiegt und ihm den Hemdkragen zurechtrückt.
Ein zarter Duft von Chanel Nr. 5 liegt in der Luft, und ihr
warmer Atem legt sich wie ein zarter Windhauch in seinen Nacken und lässt die zarten Flimmerhärchen wie
zitternde Weizenhalme im Hochsommerwind tanzen.
Sorgsam streicht sie mit den Händen über seine Wange und
flüstert: »Sie haben die schönsten Ohrläppchen der Welt.«
»Und Ihr Atem ist wie ein erster Sonnenstrahl, der den
Morgentau küsst«, antwortet Patrice.

»Wenn Sie solche Dinge sagen, werde ich ganz wuschig«, haucht Aurélie, während sich ihre Hände in seinem wallenden Brusthaar verlieren, so als würde ein kleiner Habicht im dichten Geäst einer Baumkrone landen.

»Ich bin ganz 'eiß«, haucht Aurelie und reißt sich ihr Negligé vom Körper.

Patrice Salmôn dreht sich um und öffnet seinen Satinbademantel, unter dem sein sonnengebräunter muskulöser Oberkörper zum Vorschein kommt … und fällt vor Aufregung in Ohnmacht.

»Hach, er ist immer so schüchtern«, sagt Aurélie. »Und ich bin jetzt so wuschig. Was mache ich nur? Ich bin so voller Wollust. Mein ganzer Körper zittert vor Leidenschaft!« Sehnsüchtig schaut sie aus dem Fenster und erblickt im Garten Monsieur Lorraine-Otté, der just in diesem Moment mit freiem Körper eine Provence-Salatkräutermischung zusammenpflückt. Sein herabrinnender Schweiß glitzert wie ein kleiner Bachlauf kaleidoskopisch im Abendlicht. Aus dem Augenwinkel wird er Aurélies am Fenster gewahr und zwinkert ihr verführerisch zu. »Hach«, seufzt Aurélie und lässt sich auf die Chaiselongue fallen. »So verzweifelt bin ich nun auch wieder nicht.«

Sie zieht den Vorhang zu. Einige Sekunden verstreichen, bis sie beginnt, den letzten Hauch von Nichts abzustreifen, sich selbst zu berühren und …

Droemer Knaur, Klappenbroschur, 17 000 Seiten